Graines de futurs

Collection dirigée par Denis Guiot
Couverture illustrée par Manchu

Participation à l'ouvrage : Chloé Chauveau
Mise en pages : Studio Michel Pluvinage

Loi n° 49-956 du 16 juillet 1949
sur les publications destinées à la jeunesse
Dépôt légal : octobre 2000

ISBN : 2 7404 1093-X

Graines de futurs

Préface d'Albert Jacquard

Anthologie dirigée par Denis Guiot

MANGO *JEUNESSE*

À mon petit-fils Antoine,
qui a failli naître en l'an 2000.
D.G.

Préface

La plus grande invention des hommes est l'existence de demain. Par définition, l'avenir n'existe pas. Rien dans la nature ne tient compte de sa future réalité. Sauf nous. Au prix de la perte du présent, nous n'avons en tête que le souvenir du passé et l'interrogation du futur. Voilà une définition possible de notre espèce : la partie de l'univers qui sait que demain sera.

La science a pour moteur le besoin de préciser ce qui arrivera. La compréhension des lois de l'univers, basée sur l'analyse des phénomènes passés, a pour objectif d'extrapoler la réalité immédiate et de décrire son devenir. Sachant pourquoi les planètes tournent autour du Soleil, ayant ramené les mécanismes en action à une formule très simple qui exprime le lien entre les masses, les distances et les forces, nous sommes en mesure de prédire avec précision où sera la Terre demain, l'an prochain, dans mille ans. La victoire sur le temps semble totale.

En fait, il nous faut déchanter. Il suffit d'introduire la Lune dans ce modèle pour constater que la prévision à très long terme est définitivement impossible. L'avenir n'est pas entièrement prédictible à partir du présent, si exactes soient nos formules, si précise soit notre connaissance du point de départ. Le devenir de l'univers n'est pas réductible à sa réalité présente.

Alors que faire ? Imaginer.

Il ne s'agit plus alors de science, mais de science-fiction, c'est-à-dire de projection raisonnée vers le futur à partir d'hypothèses apparemment déraisonnables. Le jeu peut parfois paraître gratuit, vain. En fait, il constitue un excellent moyen d'explorer les réalités du présent en mettant en évidence les conséquences possibles de nos choix actuels.

En ce début de siècle, une seule chose est sûre : le monde de demain ne sera pas semblable à celui d'aujourd'hui. Paradoxalement, la science-fiction nous aide à être réalistes.

Albert Jacquard

Le Souffle d'Éole

Danielle Martinigol et Alain Grousset

Sous le pseudonyme de Kim Aldany, Danielle Martinigol et Alain Grousset sont les heureux parents de la série à succès « Kerri et Mégane », qui a débuté en 1994 avec Les Mange-Forêts *(Nathan, coll. Pleine Lune) et en est actuellement à son sixième épisode. Toujours ensemble, mais sous leurs deux noms, ils ont signé* L'Enfant-Mémoire, *premier titre et best-seller de la collection Vertige SF (Hachette Jeunesse, 1996), et* Les Mondes décalés *(Flammarion, coll. Castor Poche, 1997). Et avec un troisième larron, Paco Porter, ils viennent de se lancer dans la* fantasy *avec la série « Lumina », sous le pseudonyme de Dan Alpac (Flammarion, coll. Castor Poche, 2000).*

N'allez pas croire pour autant qu'ils n'ont pas de carrière solo ! Alain Grousset a raflé le grand prix du ministère de la Jeunesse et des Sports avec La Citadelle du vertige *(Livre de Poche Jeunesse, 1991) et le Grand Prix de l'Imaginaire avec* Les Chasse-Marée *(Livre de Poche Jeunesse, 1993), tandis que Danielle Martinigol cumulait prix de la PEEP et prix Tam-Tam pour* Les Oubliés de Vulcain *(Livre de Poche Jeunesse, 1995). Actuellement, Danielle Martinigol travaille sur une histoire qu'elle porte en elle depuis des années,* Les Abîmes d'Autremer *(à paraître début 2001 dans la collection Autres Mondes).*

Quand ils n'écrivent pas, Alain Grousset passe la tondeuse à gazon dans son parc orléanais et travaille à France Télécom, tandis que Danielle Martinigol goûte les vins de sa Bourgogne natale et enseigne le français dans un collège à Mâcon.

On retrouve dans Le Souffle d'Éole *les préoccupations écologiques de Danielle Martinigol et le goût pour les inventions délirantes d'Alain Grousset.*

Les réserves d'hydrocarbures (pétrole et gaz naturel) s'épuisent. Le charbon est redoutable pour l'effet de serre. L'énergie nucléaire de fission n'a pas résolu la question du traitement et du stockage des déchets, et la fusion est encore dans les limbes. Quant aux énergies renouvelables (éolienne, solaire), elles se heurtent à un problème d'occupation des sols (concurrence avec les terres cultivables).

Or, d'ici à une cinquantaine d'années, la consommation énergétique mondiale annuelle aura doublé (voire triplé, tout dépend du scénario prospectif utilisé). Comment se procurer cette énergie sans mettre en péril la planète et en recherchant un développement équitable entre les sociétés (ce qui n'est pas le cas actuellement) ?

Lydiane regardait par le hublot. Ses yeux reflétaient le bleu du ciel, et l'ombre de petits nuages blancs obscurcissait de temps à autre ses prunelles rêveuses. Elle s'ennuyait. Les voyages entre les USA et l'Europe étaient encore longs, malgré les vols supersoniques. Son regard s'accrocha à l'aile de l'avion, puis grimpa plus haut, au-dessus des reflets métalliques. Soudain, elle approcha du verre froid son fin visage auréolé de mèches brunes. Ses lèvres s'étirèrent en un sourire ravi.

— Le voilà, dit-elle en posant sa main sur l'avant-bras de son compagnon, assis à ses côtés.

Il se pencha vers elle et regarda à son tour par le hublot.

Provenant des sièges situés derrière eux, une voix d'enfant retentit :

— Maman, un avion a perdu ses hélices dans le ciel ! Regarde : une, deux, trois, quatre, cinq hélices…

À ces mots, Lydiane se mit à rire. L'interprétation de l'enfant n'était pas si fausse, après tout. Dans le bleu profond de la haute atmosphère, à la même altitude que le jet supersonique, tournaient majestueusement de gigantesques pales. Plus précisément, cinq stations de trois pales, dont le blanc immaculé réverbérait les rayons du soleil. Encore plus haut, on pouvait apercevoir les ballons qui soutenaient l'ensemble.

— Qu'est-ce que tu racontes, mon petit loup ? s'étonna une voix féminine, celle de la maman sans doute, qui eut soudain un petit rire :

— Ce ne sont pas des hélices d'avion, mon chéri, ce sont des éoliennes. C'est le Jetnet !

— C'est beau ! affirma l'enfant.

— Il a raison, murmura Lydiane en se serrant contre son tout nouvel époux, ce machin est magnifique.

— Et ce « machin », comme tu dis, est encore en l'air grâce à toi, ma belle…

Lydiane sourit avec un brin de nostalgie. Un an déjà qu'elle avait été réveillée par les bips de son multi-ord'…

*
* *

Un son agaçant accompagnait le clignotement du mot *URGENT* sur l'écran de l'ordinateur. Lydiane, grognon, était sortie du lit en fronçant les sourcils. Bizarre, l'envoi était de Max. À sept heures du matin ? Que lui valait cet honneur ? Son ancien petit copain était en poste depuis trois mois au Quai des Orfèvres. Elle le jalousait un peu, car elle se sentait croupir dans le commissariat de banlieue où elle avait été affectée à leur sortie de l'École d'inspecteurs de police. Mais la cent quatrième place de Lydiane ne lui avait guère laissé le choix. Contrairement à Max, reçu deuxième.

La jeune femme s'assit devant son multi-ord' et se connecta pour récupérer le message.

Lydiane, on a besoin de toi ici. Prépare tes bagages. Ton ordre de mission va arriver d'un instant à l'autre au bureau de ton chef. C'est moi qui t'ai recommandée.

Je t'embrasse, à condition que tu me laisses faire, bien sûr.

Les yeux de Lydiane s'agrandirent. Un ordre de mission pour Paris ? Dans quel but ? Elle n'avait jamais été pistonnée auparavant, et cela lui fit soudain tout drôle de penser que son ex était devenu suffisamment influent pour l'avoir recommandée. À moins que ce ne soit une blague. On n'était pourtant pas le premier avril. Le mois de juin battait son plein, et rien ne laissait supposer que Max veuille se moquer d'elle à ce point. Elle savait qu'il en pinçait encore un peu pour elle ; ce n'était pas désagréable après tout, juste agaçant quand il faisait croire aux autres qu'un jour elle lui reviendrait.

Son portable sonna. Elle bondit pour décrocher et reconnut aussitôt la voix de Martinens, son chef.

— Gidasner ? Bonjour ! dit-il en nommant Lydiane par son nom de famille comme il le faisait avec tous ses subordonnés (lui au moins ne faisait pas de discrimination sexiste). C'est vrai que vous n'avez pas le vertige ? enchaîna aussitôt le commissaire divisionnaire.

Lydiane se demanda si elle avait bien entendu.

— Bonjour monsieur Martinens. En quoi mes réactions au vertige vous intéressent-elles ? Vous avez l'intention de me faire faire les vitres de votre bureau ?

— Vous allez monter plus haut, répondit-il en riant. On vous envoie en mission. Dans le Jetnet.

Lydiane regarda le téléphone comme si l'appareil lui-même venait de dire une incongruité.

— Le Jetnet ? répéta-t-elle en insistant sur le mot.

— Oui, mademoiselle. Le Jetnet. Le complexe européen d'éoliennes troposphériques qui dérive au-dessus de l'Atlantique. Il faut que quelqu'un monte là-haut.

— Mais pourquoi moi ? demanda Lydiane, totalement ahurie.

— Je vous l'ai dit, parce qu'il paraît que vous n'avez pas le vertige. C'est vrai, oui ou non ?

— C'est vrai, répondit la jeune femme, sidérée, en s'affalant dans son fauteuil. Mais très peu de gens le savent.

— Apparemment, quelqu'un au Quai des Orfèvres était au courant ! conclut Martinens.

Max ! Ainsi, c'était pour ça qu'il avait pensé à elle. Dans quelle galère était-il en train de l'entraîner ? Pour la première fois de sa vie, elle regretta d'avoir du sang iroquois dans les veines.

Dès sa descente de taxi dans la cour du Quai des Orfèvres, Lydiane fut conduite par un appariteur dans une salle où cinq personnes, plus Max, l'attendaient, visiblement avec impatience. Les présentations furent rapides. Trois étaient des policiers, les deux autres des représentants d'Éole, le consortium européen concepteur du Jetnet.

Max se gratta la gorge et commença à parler.

— Un petit résumé pour mademoiselle Gidasner, si vous le voulez bien.

Il se tourna alors vers elle, avec son petit sourire en coin qu'elle lui connaissait bien. De plus en plus sûr de lui le beau Max !

— Un certain Karl Biotry, l'un des ingénieurs chargés du bon fonctionnement des éoliennes du Jetnet, a disparu de son poste. Comme il ne donnait plus signe de vie depuis sa cabine de l'éolienne Deux, un homme de relève est monté et a donné l'alerte après avoir découvert une lettre manuscrite dans laquelle Biotry indiquait ne plus pouvoir supporter ses conditions de vie là-haut : certaines fréquences engendrées par les éoliennes le rendaient fou, aussi avait-il décidé de mettre un terme à son existence en se jetant dans le vide. Les services de sécurité du consortium Éole ont rapatrié sur Paris toutes les cassettes de vidéosurveillance du Jetnet pour pouvoir les examiner plus en détail et voici ce qu'ils ont trouvé.

Tout le monde se tourna en direction de l'écran mural.

— L'image est très floue, s'empressa de dire Max pour couper court aux protestations de Lydiane. L'air, en s'échappant à chaque ouverture du sas lors des opérations de maintenance, a dû dérégler la fixation de la caméra.

En effet, la vidéo n'était pas d'une qualité extraordinaire, suffisante néanmoins pour voir en gros plan le dos d'un homme penché en avant qui basculait dans le vide.

— Voici maintenant un extrait image par image de la même scène, reprit Max en pointant une télécommande vers l'appareil.

Retour arrière. À nouveau la même séquence. Juste avant que le corps ne disparaisse dans le vide, l'écran se figea. Max agrandit l'image.

Dans l'angle gauche, on devinait, à moitié dans l'ombre, une main qui venait sans aucun doute de pousser le dénommé Karl Biotry ! Lydiane réprima un frisson d'excitation. Le suicide devenait meurtre !

— Dans quelle sorte de sas sommes-nous ? demanda-t-elle.

Un homme du consortium Éole répondit :

— Sous chaque éolienne est accrochée une cabine, et chaque cabine possède deux sas. Un grand qui conduit à l'ascenseur et un autre, plus petit, qui donne sur l'extérieur. Ces images proviennent de ce petit sas de maintenance.

— Comment quelqu'un a-t-il pu faire entrer Biotry de force dans ce sas ? questionna encore Lydiane.

— Ça, c'est à vous de le trouver…

Lydiane se tut. On avait besoin d'elle pour mener une telle enquête ! Elle jubilait. C'était sans doute la chance de sa vie.

— Je monte quand ? s'écria-t-elle avec enthousiasme.

— L'hélicoptère t'attend, répondit son ex en souriant.

Les autres regardèrent Max, satisfaits. Il l'avait bien choisie. Peu de gens sur cette planète auraient demandé avec impatience à grimper le long d'un câble de dix mille mètres de longueur !

L'ascenseur démarra avec une légère secousse. La cabine était vraiment minuscule, mais vitrée sur l'un des côtés : cela permettait de voir aussi bien en haut qu'en bas. La vie de Lydiane ne tenait littéralement qu'à un fil. Un filin plutôt, fait de métacarbone ultrarésistant, tendu depuis une des gigantesques plates-formes dérivant en plein océan.

Il ressemble à quoi votre Jetnet ? avait-elle demandé à Max et aux hommes qui l'entouraient.

Notre Jetnet, comme vous dites, avait répondu le représentant du consortium Éole, *ressemble à ça.*

L'homme s'était dirigé vers la palette graphique d'un multiord' et avait tracé un dessin. Sur l'écran mural, Lydiane avait vu apparaître cinq petits soleils, que l'homme avait reliés ensemble pour former un pentagone.

Les cinq éoliennes géantes, avait expliqué Max, *et les câbles qui les raccordent.*

Puis, sous chaque soleil, l'homme avait tracé un long trait aboutissant à un carré posé sur la surface de l'océan.

C'est joli, on dirait un bouquet de fleurs, avait murmuré Lydiane.

Un bouquet dont chaque tige est un câble supraconducteur transportant des milliers de volts vers le bas, en direction des plates-formes, mademoiselle. Celles-ci sont lestées évidemment et amarrées à des ancres dérivantes énormes. Le courant électrique ne fait que transiter par elles pour être ensuite envoyé vers l'Europe par tout un réseau de relais à ondes courtes vers des transformateurs implantés sur le littoral.

Les poissons électriques doivent faire la tête devant une telle concurrence ! avait ironisé Lydiane.

Mais son humour lui avait valu quelques coups d'œil agacés, y compris de Max. Du coup, elle s'était appliquée à observer silencieusement le croquis pour bien visualiser et mémoriser la disposition du Jetnet. Mais rien n'aurait pu la préparer à ce qu'elle voyait maintenant depuis l'ascenseur montant au-dessus de l'océan.

Le spectacle était féerique. Elle avait l'impression d'être suspendue par des bretelles entre ciel et mer.

Juste avant sa montée, un technicien lui avait expliqué le principe, finalement très simple, du Jetnet. Toujours à la recherche d'énergie, les hommes avaient décidé d'exploiter, dès le début du XXIe siècle, les ressources fabuleuses du Jet

Stream, cet immense courant d'air soufflant d'ouest en est, entre sept mille et douze mille mètres d'altitude, à une vitesse oscillant entre deux cents et trois cents kilomètres à l'heure.

Placer de puissantes éoliennes au beau milieu de ce titanesque courant d'air et les maintenir telles des cerfs-volants depuis le sol relevait de la folie pure. Mais le pari avait été tenu… et gagné ! Devant des centaines de caméras, les cinq éoliennes avaient été soulevées par d'énormes grappes de ballons, qui allaient devoir les maintenir à la bonne altitude. La plus grande difficulté avait été de décider où ancrer les cinq éoliennes. Comme le Jet Stream dérive dans la haute atmosphère suivant les saisons, on avait choisi l'Atlantique, au large des Açores. Les cinq éoliennes formaient une gigantesque toile d'araignée, éclairée en permanence pour alerter les avions. Les journalistes l'avaient aussitôt baptisée le Jetnet pour mieux en souligner l'analogie avec la toile de l'Internet.

Lydiane observa l'océan qui s'arrondissait à l'horizon, les plates-formes qui rapetissaient pour devenir de gros points noirs sur le nez bleu de la mer et les nuages ronds qui lui tiendraient désormais compagnie. Elle n'avait pas le vertige, c'est vrai. Elle devait cela à sa mère et à ses grands-parents maternels, Iroquois du Canada, qui, comme tous leurs semblables, n'ont pas cette faiblesse de l'oreille interne humaine qui occasionne le vertige. Les New-Yorkais le savent bien, eux qui chaque jour voient des Iroquois assurer la propreté extérieure de leurs plus hauts gratte-ciel.

En parlant d'oreille…

— Tu arrives dans dix minutes, dit soudain la voix de Max tout près de la sienne.

Lydiane bougonna.

— Max, préviens-moi avant de parler dans ton foutu système !

— Comment veux-tu que je te prévienne ? Tu es un peu loin pour que je te passe la main dans le dos !

Lydiane haussa les épaules avant de toucher l'écouteur que son ami avait installé dans sa boucle d'oreille droite avant qu'elle ne quitte Paris. Le micro, lui, était dans le pendentif de sa courte chaîne de cou.

— Tu te souviens de tout ?

— Max ! Ne me prends pas pour une idiote. Je connais ton résumé par cœur.

— OK, inspecteur, à plus tard.

Un clic retentit dans la boucle d'oreille. Lydiane soupira. Qu'il était agaçant, ce mec ! Mais, dans un sens, ça la rassurait de le savoir en contact permanent avec elle. Même s'il était à trois mille kilomètres. Elle n'avait pas le vertige, certes, mais elle devait bien avouer qu'elle éprouvait une belle angoisse devant la tâche qu'on lui avait confiée.

Monte là-haut et découvre à qui appartient la main qui a poussé Biotry. C'est ta mission, avait résumé Max.

Tout en contemplant les pales des éoliennes, qui tournaient encore loin au-dessus d'elle, elle se remémora les données de son enquête.

La victime, Karl Biotry, faisait partie des cinq Jet-ingénieurs qui travaillaient, tels des gardiens de phare, pendant deux semaines d'affilée dans le Jetnet. Avant et après le meurtre, aucun mouvement n'avait été enregistré en provenance des ascenseurs du système. Donc, seul l'homme chargé de prendre la relève de Biotry avait utilisé un ascenseur dans les heures précédentes. Aucune possibilité que le meurtrier en ait profité pour s'échapper. Un système électronique évaluait en permanence les poids qui montaient ou descendaient des éoliennes. Hommes, nourriture, matériel, tout était comptabilisé. Les techniciens étaient formels : l'ascenseur de l'éolienne Deux, celle de Biotry, était bien redescendu à vide en laissant là-haut l'homme de relève.

Le chef de la sécurité avait expliqué à Lydiane que les cinq techniciens n'étaient pas relevés en même temps mais en décalé, un tous les trois jours. L'avantage était d'avoir en poste en permanence quatre Jet-ingénieurs sur cinq parfaitement au courant des données du système depuis au moins soixante-douze heures.

Si personne n'est redescendu, l'assassin de Biotry se trouve donc encore là-haut! avait conclu Lydiane devant son assemblée de messieurs sérieux à Paris.

L'un des policiers avait alors précisé :

Nous n'avons pas informé les autres Jet-ingénieurs de ce crime. Ils croient toujours à la thèse du suicide. Vous bénéficierez de l'effet de surprise. Sauf pour l'assassin, évidemment. Nous sommes très gênés par cette affaire, car deux des Jet-ingénieurs sont américains et effectuent chez Éole un stage dans le cadre d'une coopération scientifique. Qu'ils soient mêlés à cela est préoccupant. Le consortium a engagé d'énormes sommes d'argent sur ce projet, qui offre des débouchés énergétiques considérables. Cette histoire de meurtre risque de jeter le discrédit sur le Jetnet. Ce serait une catastrophe économique, mais aussi politique, car l'Europe est fière de posséder une avance technologique sur ses concurrents étrangers… mais néanmoins amis.

En se remémorant ces mots, Lydiane eut un sourire amer. Comme toujours on ne voulait pas de vagues ! Finalement, elle se demanda si le choix de Max ne s'était pas porté sur elle dans l'hypothèse d'un échec. Il serait plus facile de faire porter le chapeau à une sans-grade de banlieue. La rage la prit. Elle allait leur prouver qu'elle était capable de le trouver, leur assassin volant.

Un bruit métallique annonça l'arrivée de l'ascenseur, mais la porte ne s'ouvrit pas. Normal et rassurant... Lydiane était à dix mille mètres de hauteur, la température extérieure était de moins vingt-cinq degrés et il soufflait une petite brise de trois cents kilomètres à l'heure ! Il était préférable que le grand sas vienne se coller depuis la cabine de l'éolienne jusqu'à la porte de l'ascenseur.

Tu monteras en premier à l'éolienne Un, avait dit Max, *le Jet-ingénieur qui l'occupe est en haut depuis douze jours.*

La porte de l'ascenseur chuinta enfin.

— Bienvenue au poste Un. Je m'appelle Peter Marden et je suis américain, déclara l'ingénieur qui l'accueillit d'un ton jovial et sans le moindre accent.

— Lydiane Gidasner. Inspecteur de police.

— Enchanté ! Une jolie policière... Voilà qui nous change. On n'a pas souvent de visite par ici !

Peter affichait une trentaine sportive. L'Américain dans toute sa splendeur, pensa la jeune femme. Sans doute persuadé d'appartenir au seul vrai « monde libre » de la terre ! Mais les catastrophes écologiques engendrées par la politique ultralibérale de son pays avaient conduit la planète au bord du chaos. Du fait des excès américains, l'énergie nucléaire avait été mise hors la loi, et le pétrole exclusivement réservé à la fabrication des matières plastiques. Les États-Unis avaient proposé ce moratoire après avoir décidé de tout miser sur le Soleil. Les déserts américains étaient désormais truffés de panneaux solaires, et, en orbite basse, à quatre cents kilomètres d'altitude, une armada de satellites renvoyait nuit et jour vers les USA de l'énergie sous forme d'ondes ultracourtes, chauffant, comme des fours à micro-ondes géants, des bassins d'eau bouillonnante redistribuée ensuite dans les réseaux urbains. Les Américains s'en sortaient bien, comme toujours. Mais ces bouleversements énergétiques avaient des conséquences effroyables pour les pays les plus pauvres, trop ruinés pour s'équiper de tels systèmes spatiaux ou de véhicules roulant au GPL. Et cela, Lydiane, comme beaucoup d'autres, avait du mal à l'accepter.

— Savez-vous pourquoi je suis ici ? lui dit-elle assez sèchement.

— Parce que Biotry a dû se faire assassiner, répondit du tac au tac l'Américain.

Lydiane en fut estomaquée. Elle parvint tout de même à garder son calme et demanda :

— Comment êtes-vous parvenu à cette conclusion ?

— Je n'imagine pas un instant qu'il soit urgent de dépêcher une enquêteuse, même charmante, pour poser quelques questions de routine concernant un suicide à des gens qui sont coincés en l'air et qui, tôt ou tard, vont redescendre. C'est donc que l'affaire est grave et urgente. D'où l'hypothèse du crime. Est-ce que je me trompe ?

Lydiane réfléchit. La capacité de raisonnement de cet Américain était certaine, à moins que ce ne soit lui l'assassin. Dans ce cas, pourquoi se découvrait-il si vite ?

— Karl Biotry a bien été tué, lâcha finalement la jeune inspectrice. Nous en avons la preuve vidéo.

— Incroyable, extraordinaire ! s'écria le dénommé Peter, tout heureux. Euh… enfin… je voulais dire, c'est terrible pour lui.

— Vous le connaissiez bien ?

— Pas vraiment. Vous savez, Gordon, mon collègue, et moi sommes en stage pour une période de trois mois. Il y a une vingtaine de Jet-ingénieurs qui font à tour de rôle le travail de surveillance des éoliennes. J'ai rencontré une ou deux fois Biotry dans des réunions en bas. Nos relations étaient strictement professionnelles. Mais, j'y pense… Si vous êtes là, c'est que vous êtes persuadée que l'assassin est toujours en l'air, n'est-ce pas ? Génial, un mystère de chambre close. Depuis mon plus jeune âge, je suis passionné par les histoires d'assassinats ayant lieu dans des pièces dont les portes sont bouclées de l'intérieur. Et, en ce qui concerne le Jetnet, les portes sont plutôt bien surveillées ! Réfléchissons…

— Je pense être capable de mener mon enquête toute seule, lança Lydiane, cette fois franchement agacée.

— Ah oui, c'est vrai, admit Peter, je fais partie des coupables potentiels. Ce serait plausible… puisque Biotry était mon voisin. Le meurtre s'est passé en pleine journée ?

— À 15 h 05 exactement. Les cassettes vidéo sont horodatées.

— Alors cela me disculpe complètement. Nous sommes obligés d'envoyer des données toutes les deux heures. Et moi, je le fais chaque jour aux heures impaires : 7, 9, 11, 13, 15, 17, etc. Donc, à 15 h 05, j'étais assis devant mon multi-ord'. Vous vérifierez. Quant à mon collègue Gordon, certes il émet aux heures paires, mais comme il est à la station Cinq… Nous sommes donc hors de cause. Ce ne sont pas les méchants Américains qui veulent saboter le projet Éole ! Vous savez, je suis avant tout un scientifique, et ce projet est magnifique. Je suis très fier d'y participer.

— J'ai bien noté votre histoire d'heures impaires. Mais pourquoi le fait que Gordon soit à la station Cinq le met hors de cause ?

— Question de déplacement. Je vais vous montrer.

L'Américain fouilla son bureau. Il était peut-être le champion de la déduction, mais pas le roi du ménage. En examinant le lieu exigu, Lydiane découvrit un véritable capharnaüm. Sur le lit-couchette, un duvet était roulé en boule ; au sol de la cabine de douche, des vêtements étaient chiffonnés avec une serviette éponge, et, sur la table du minuscule bloc-cuisine, une part de pizza desséchée s'émiettait dans une assiette près du four à micro-ondes. Peter surprit les regards de Lydiane.

— J'ai une vie de célibataire au septième ciel ! dit-il en riant. Mais ne vous inquiétez pas. Ça me prend deux heures pour tout ranger avant que la relève n'arrive, et je sais où se trouvent mes affaires… à un mètre près. La preuve, s'exclama-t-il en exhibant un plan plié en quatre.

Il l'étala sur les autres papiers et le lissa plusieurs fois du plat de la main. Le plan était un croquis du Jetnet. Sous les yeux de Lydiane s'étalait dans ses moindres détails le pentagone qu'elle avait vu à Paris.

— Vous voyez, les stations sont numérotées dans le sens des aiguilles d'une montre. À la Une : moi ; à la Deux : il y avait Biotry… Au fait, pourquoi n'êtes-vous pas montée là-bas en premier ?

— Quel intérêt ? L'ingénieur de relève a tout fouillé et laissé ses empreintes partout ! On m'a donc envoyée chez vous.

— Je ne m'en plaindrai pas. Donc, regardez, voilà pourquoi Gordon n'est pas coupable, affirma-t-il en frappant de l'index un endroit de la feuille. Il aurait dû passer par une ou deux autres stations avant d'atteindre Biotry.

— Quelle est la distance entre chaque éolienne ? demanda-t-elle.

— Plus d'un kilomètre. Les filins qui les relient entre elles sont identiques à ceux qui les retiennent au sol : en métacarbone. Ce machin est fait pour durer mille ans. Il n'y a jamais rien à réparer. Cependant, pour inspecter ces câbles, en cas de nécessité, il existe des espèces de nacelles qui peuvent aller d'une station à l'autre.

— Voilà donc comment l'assassin se serait rendu chez Biotry… Elles sont motorisées, vos nacelles ?

— Heureusement ! Vous nous voyez pédaler contre un vent de trois cents kilomètres à l'heure ?

Lydiane fit la moue. Elle se ridiculisait en disant des bêtises. Mais, comme s'il lisait dans ses pensées, Peter poursuivit :

— Allez, votre remarque n'est pas si sotte ; on pourrait quand même pédaler, car le vent est violent mais la pression est très faible. Nous sommes tellement haut qu'elle est quasiment nulle : dix fois moins qu'en bas ! Donc ça reviendrait à pédaler dans une brise de trente kilomètres à l'heure… à condition de ne pas oublier d'enfiler la combinaison chauffante et les bouteilles d'oxygène ! En vérité, chaque nacelle a un petit moteur.

— Repérable depuis le contrôle en bas ?

— Non. La mise en marche du moteur n'est pas signalée aux plates-formes. Votre assassin a dû en effet utiliser ce moyen pour aller chez Biotry.

— Vous les utilisez souvent, ces nacelles ?

— Jamais. Quand nous sommes en l'air, personne ne va prendre l'apéro chez le voisin. Trop risqué. On se contente tous de monter et de descendre par nos ascenseurs respectifs. Mais, puisqu'il y a eu crime en chambre close, il faut bien admettre que, pour une fois, un des Jet-ingénieurs a utilisé sa nacelle.

— Vous peut-être… risqua Lydiane. Supposons que vous ayez programmé votre ordinateur pour qu'il envoie bien les données à 15 h 05 et que pendant ce temps-là…

— Impossible, je vous arrête tout de suite ! Ce serait plausible, comme je vous l'ai dit, puisque Biotry était mon voisin à la Deux et que nous sommes ici au groupe Un. Mais ce qu'on ne vous a pas dit, apparemment, c'est que nous devons être physiquement devant nos multi-ord' aux heures de communication. Comme les conducteurs de TGV, nous devons actionner les touches manuellement sinon, couic… bons pour le chômage !

Lydiane se mordit les lèvres, puis résuma :

— Pour aller chez Biotry depuis l'éolienne Cinq, que ce soit dans un sens ou dans l'autre, Gordon aurait dû passer par les stations de ses voisins. Par la vôtre, ou par les stations Trois et Quatre, pour changer de nacelle…

— Exactement ! Et là, on l'aurait repéré. Ce qui le disculpe complètement.

— Si j'admets votre théorie, poursuivit Lydiane, Salvador Palma, qui est à la station Quatre, est innocenté également car lui aussi aurait dû passer par au moins une autre station pour aller à la Deux chez Biotry.

— Bien, approuva Peter en lui faisant un beau clin d'œil.

Lydiane se sentit rougir. Cet Américain était charmeur en

diable. Était-il en train de l'embobiner dans de belles fausses théories ? Et s'il était de mèche avec Gordon ?

— Donc, selon votre raisonnement, conclut-elle, seul l'homme de l'éolienne Trois aurait pu commettre le crime. Je devrais donc m'intéresser à Lomel Marini, l'Italien, d'après vous ?

— Moi ? Je n'ai rien dit. Je vous offre un café avant que vous ne redescendiez ?

Un quart d'heure plus tard, Lydiane reprenait l'ascenseur Un. Elle appela Max pour lui indiquer qu'elle allait dans la foulée rendre visite à Lomel Marini. À son arrivée en bas, un hélico l'attendait déjà et la conduisit aussitôt sur la plate-forme de l'éolienne Trois.

Tandis que l'ascenseur l'enlevait pour la deuxième fois en moins de deux heures le long de dix mille mètres de câble, elle se dit que cette enquête ressemblait furieusement à une partie de Yo-Yo.

Tout en montant à l'éolienne, dont les gigantesques pales tournaient à plein régime au-dessus d'elle, Lydiane réfléchit à ce que lui avait dit Peter. Il était clair que cet Américain et Marini étaient les principaux suspects du fait de leur proximité avec la victime.

— Max, à quelles heures Lomel Marini envoie-t-il ses informations à sa plate-forme ?

Après un instant de silence, Max répondit :

— Aux heures paires.

Chouette, pensa Lydiane. À quinze heures hier, Marini a très bien pu se rendre chez Biotry avec sa nacelle pour le tuer. Mais si tel n'est pas le cas, s'il a un alibi, qui est le coupable ? Peter Marden ?

Sans bien pouvoir s'expliquer pourquoi, elle souhaitait que non.

Alors, Gordon ou Salvador Palma ? Dans l'un des cas, Peter était complice pour avoir laissé l'assassin passer et prendre sa nacelle, et dans l'autre cas, c'était Marini le complice.

Les idées s'embrouillaient dans la tête de Lydiane. Et s'ils étaient tous coupables, tous ligués contre ce pauvre Biotry ? « Le Crime du Jetnet-Express », comme dans le fameux roman d'Agatha Christie... Et dans ce cas, quel était leur mobile ?

L'ascenseur s'immobilisa dans une secousse. Elle avait hâte maintenant de savoir ce qu'allait lui dire l'Italien.

Mais, dix minutes plus tard, elle dut appeler Max et se faire ouvrir le sas de l'ascenseur depuis la plate-forme car Marini ne répondait pas à ses nombreuses demandes dans le micro. Avant même son entrée dans la cabine, elle avait compris que l'Italien aurait du mal à lui donner des explications.

— Max, Marini a été lui aussi assassiné !

— Quoi ! Mais comment ?

— Il est là devant moi, allongé sur le sol. Strangulation. Il a encore un morceau de fil électrique autour du cou. Peu de rigidité cadavérique. Le meurtre remonte à une heure à peine.

— Donc cela exclut Peter Marden. Tu étais avec lui.

Lydiane fut contente que Max arrive à cette conclusion avant elle.

— Je fais le tour du propriétaire, annonça-t-elle.

La cabine Trois était similaire en tous points à celle de Peter, l'ordre en plus : Lomel Marini était soigneux. Elle examina tout sans rien toucher. Soudain, elle fronça les sourcils en regardant l'écran de veille du multi-ord'. Il représentait un schéma en trois dimensions du Jetnet. Les éoliennes tournaient lentement toutes ensemble. Enfin, pas tout à fait. Lydiane s'assit devant la machine et posa son doigt sur l'écran tactile au niveau de l'éolienne Trois. Apparemment, celle-ci ne tournait pas exactement à la même vitesse que les autres. Aussitôt l'écran s'alluma et un fichier de données complexes s'ouvrit. Lydiane murmura :

— Bingo !

— Qu'est-ce que tu as trouvé ? susurra Max.

— Un fichier comportant les plans d'un truc bizarre. Peut-être la machinerie de l'éolienne juste derrière les pales. On dirait qu'il y a un escalier minuscule en colimaçon pour y monter...

Après un instant de silence, qu'il utilisa probablement pour se renseigner, Max confirma :

— Exact. Un espace réduit mais suffisant pour...

— S'y cacher ! jubila Lydiane. Eh bien, voilà où est notre assassin. Reste à savoir qui c'est !

— Lyd ! Sois prudente ! la conjura Max depuis Paris.

Elle sortit son pistolet, avança en direction de la machinerie et s'engagea dans l'étroit escalier qu'elle dénicha derrière un ensemble complexe de câbles. Son buste émergeait à peine dans un minuscule espace lorsqu'une main se plaqua sur sa bouche et qu'une poigne énergique la tira par le bras. Son revolver gicla à un mètre. Avant qu'elle n'ait eu le temps de réagir, elle se retrouva face à face avec un homme dont le visage grimaçait de haine.

Il ne relâcha sa pression sur le visage de Lydiane que le temps de lui coller une large bande d'adhésif sur les lèvres.

Elle n'eut même pas la possibilité d'alerter Max. Puis l'homme l'obligea à redescendre dans la cabine de l'éolienne. Il la ligota sur une chaise. De ses mains expertes, il retira les boucles d'oreille de Lydiane ainsi que son collier et il écrasa le tout sous ses semelles. Du coup, la jeune femme sut qu'elle avait affaire à un professionnel de l'espionnage et comprit qu'elle était perdue.

— Vous vous demandez qui je suis, n'est-ce pas ? ironisa l'homme.

Son visage était mal rasé, ses yeux injectés de sang.

— On n'a pas dû vous montrer ma photo, continua-t-il. Pas de raison de vous présenter la victime. Ils pensent à moi comme à un macchabée déjà à moitié bouffé par les poissons, je suis sûr.

Lydiane écarquilla les yeux. Biotry ! L'homme qui était devant elle était Karl Biotry, la première « victime » ! Eh bien, les choses se compliquaient ! Elle s'était trompée de roman d'Agatha Christie. Ce n'était pas « le Crime du Jetnet-Express », mais « les Dix Petits Jetneteurs »... La victime était l'assassin ! Elle grimaça et se tortilla de telle façon que ses joues devinrent rouges et les veines de son cou congestionnées. Son agresseur finit par arracher d'un coup sec l'adhésif qui la bâillonnait. Lydiane poussa un cri de douleur. Deux filets de sang coulèrent de ses lèvres. Elle passa sa langue dessus pour atténuer la brûlure.

— C'est vous qui avez tué Lomel Marini. Pourquoi ? demanda-t-elle au bout d'un moment.

Biotry était tourné vers le hublot et contemplait les éoliennes des autres postes qui continuaient inexorablement leur lent ballet grandiose.

— Un lâche ! Il avait des remords et voulait trahir en avouant notre action ! Pourquoi êtes-vous montée ?

— Parce que la thèse du suicide ne tenait pas. On voyait une main « vous » pousser dans le vide.

— Je croyais pourtant être hors du champ de la caméra quand j'ai jeté le mannequin par-dessus bord. Qu'importe maintenant…

— Ensuite, vous avez rejoint Marini avec votre nacelle de secours et, pour qu'on ne se doute de rien, vous avez renvoyé la nacelle en automatique. Vous étiez amis avec Lomel Marini ? demanda-t-elle.

Biotry se tourna dans la direction de la jeune inspectrice, qui se dit en voyant son regard halluciné qu'il était temps de se souvenir de tous les cours de psycho qu'on lui avait infligés à l'École de police. Ce type voulait sa peau.

— Pas amis, complices, répondit-il. Nous sommes tous les deux de GreenOrder.

Nom de nom, pensa Lydiane, *les écolos terroristes ! Le tableau est complet.*

— Ces satanées éoliennes vont finir par créer des perturbations climatiques, gronda Biotry. Plus on va en coller dans l'atmosphère et plus on déréglera l'équilibre des courants aériens, pour finir par engendrer des tempêtes monstrueuses. Mais ceux qui savent se taisent. Histoire de fric !

— Le Jetnet est à l'essai, tenta d'argumenter Lydiane. Il ne menace pas grand monde pour l'instant.

L'homme éclata de rire.

— Petite poupée naïve. On vous recrute à la maternelle maintenant dans la police ?

Puis il se fit menaçant.

— Marini, vous et moi serons les trois premières victimes du Jetnet !

Les trois *premières victimes ?* se répéta Lydiane. *Ce demeuré compte jouer les kamikazes ! Premières ?* Soudain, elle comprit.

— Vous avez saboté une éolienne ! asséna-t-elle.

L'homme haussa les sourcils avec une mimique admirative.

— Celle où nous sommes, poursuivit Lydiane, l'éolienne Trois. Vous avez simulé votre suicide pour pouvoir rejoindre Marini ici tranquillement. Ce que je ne comprends pas, c'est pourquoi vous êtes venu là. Vous auriez pu saboter votre propre éolienne, non ?

— On ne détruit pas un ensemble comme le Jetnet avec un tournevis… grogna Biotry. Il fallait saboter la Trois en premier, vu sa position dans le Jet Stream. Et Marini ne pouvait pas trafiquer seul une machinerie si complexe. Il fallait être deux. C'est fait. La Trois est déjà en train de se désaxer, dit-il en pointant son index en direction des grandes pales dont on entendait le rythme irrégulier, comme une pulsation asthmatique, à travers les parois de la cabine.

Lydiane réalisa que le système allait rapidement se dérégler, entraînant une réaction en chaîne inexorable. Le Jetnet perdrait alors son équilibre et s'abîmerait en mer, écrasant les plates-formes et entraînant dans la mort des dizaines de personnes, dont les autres Jet-ingénieurs. Le projet serait arrêté pour des années. Un instant, elle fut tentée d'avouer à Biotry qu'elle n'était pas d'accord non plus avec la technologie galopante, qu'elle aussi était contre ces cruels déséquilibres entre les pays riches et les pays pauvres, qu'elle votait écolo… Mais la voix de Max résonna dans sa mémoire : *Lydiane, on a besoin de toi ici…*

Tu es flic, ma fille, pensa-t-elle, *ça s'accorde mal avec l'idée de partager les thèses des saboteurs…*

— Éole est le projet européen, murmura-t-elle, mais il y a fort à parier que l'Amérique va s'y mettre bientôt. Vous savez bien que deux Américains sont ici…

En voyant les poings de Biotry se serrer, Lydiane se dit que ce n'était pas le bon argument. L'homme la libéra de ses liens, l'attrapa par le bras et l'entraîna en direction du sas de maintenance. Elle sentit son cœur battre la chamade et se débattit comme une diablesse, mais Biotry ouvrit la porte du sas et la poussa à l'intérieur. Une fois la porte refermée, le terroriste pressa un bouton commandant l'ouverture vers l'extérieur. L'air pressurisé s'échappa en sifflant. Lydiane bloqua sa respiration. L'homme voulut entraîner la jeune femme avec lui dans le vide, mais elle eut le temps de passer son bras gauche dans une courroie fixée à la paroi. Happé par le vide, Biotry s'accrocha à une de ses jambes. Elle sentit son bras craquer. Dans un ultime effort, elle balança un coup de pied dans le visage de Biotry, l'obligeant à lâcher prise. Il ouvrit la bouche sur un cri… qu'il n'eut pas le temps de pousser. Aspiré par le tourbillon de l'air, il disparut dans le vide tel un pantin désarticulé.

À la limite de l'asphyxie, flottant dans le sas au bout de son bras désarticulé, Lydiane réussit à atteindre de la pointe du pied le bouton de commande de fermeture. Il lui sembla qu'il s'écoulait une éternité avant que la porte ne se referme. Aussitôt l'air revenu, elle l'aspira goulûment. Elle parvint à se dégager de la courroie avec difficultés et ouvrit la seconde porte du sas pour rentrer dans la cabine.

Toutes les alarmes étaient au rouge et le sol sous ses pieds commençait à vibrer dangereusement. Le signal radio clignotait désespérément. Elle bascula l'interrupteur. Une voix s'égosillait.

— La Trois… Répondez la Trois, bon sang…

— J'écoute, haleta Lydiane en s'emparant du micro.

— Enfin ! Il faut stopper l'éolienne. Immédiatement, sinon le Jetnet va tomber ! Il peut supporter une éolienne arrêtée, mais pas une éolienne désaxée.

— Pourquoi ne le faites-vous pas d'en bas ?

— Impossible. Nos commandes sont court-circuitées par les vôtres. On a envoyé une équipe, mais elle arrivera trop tard.

Biotry avait pensé à tout, remarqua Lydiane.

— Qu'est-ce que je dois faire ?

— Le coupe-circuit se situe dans l'armoire électrique, en face du sas de l'ascenseur. Vite !

Lydiane lâcha le micro, se précipita en titubant vers l'armoire et l'ouvrit. La manette était bien là, sous ses yeux, mais elle lui parut énorme ! Comment la rabattre ? Elle essaya vainement de son bras valide, puis mit ses deux mains sur la poignée en grimaçant. Dans un ultime effort, elle pesa de tout son poids sur l'objet. La douleur lui transperça le corps. Le claquement de la poignée enfin rabattue fut couvert par son cri de souffrance. La jeune femme eut le temps d'entendre, avant de sombrer dans l'inconscience, les pales qui s'immobilisaient enfin dans un soupir de géant.

*
* *

Inquiet sur le sort de Lydiane, qu'il avait désespérément essayé de joindre en appelant la Trois, Peter était arrivé le premier sur les lieux, en nacelle.

— Quand je t'ai trouvée évanouie, j'étais tellement paniqué que j'ai failli te faire du bouche-à-bouche sans ôter mon casque !

Lydiane se mit à rire et se serra un peu plus contre son mari. Peter et elle revenaient de leur voyage de noces. La jeune femme avait fait la connaissance de sa belle-famille à Kandell. Ils étaient ensuite passés par New York, où Peter avait présenté devant une assemblée de décideurs américains les arguments du consortium Éole sur la limitation d'implantation des Jetnets. En plus de celui déjà en service, qui était en train de disparaître à l'horizon derrière le supersonique qui ramenait Lydiane et Peter à Paris, un seul autre complexe serait autorisé. Celui-là aussi serait européen. Les Américains ne partiraient pas à la conquête du Jet Stream.

Tout compte fait, la mort de Biotry et celle de Marini avaient servi à quelque chose. Après la rapide remise en état de marche du Jetnet, des journalistes avaient porté l'affaire à la connaissance du grand public. Et, sous la pression médiatique, il était apparu clairement à tous qu'il valait mieux ne pas jouer avec le vent au point de risquer des dérèglements du climat.

— Ah, *le Souffle d'Éole*… murmura la jeune femme.

C'était le nom du petit voilier que le consortium européen, ainsi que les Jet-ingénieurs et les policiers collègues de Lydiane, Max et Martinens en tête, leur avaient offert en cadeau de noces. Pour que Lydiane puisse initier son époux à sa seule vraie passion…

— Car, en vérité, ce n'est pas le fait que je n'aie pas le vertige qui m'a sauvé la vie dans cette histoire, mais bel et bien mon entraînement depuis l'enfance à la plongée en apnée. Et ça, personne n'aurait pu le prévoir !

Un Personnage en quête de cœur

Christian Grenier

Qui mieux que Christian Grenier pourrait prétendre au titre de « Monsieur Science-Fiction Jeunesse » ?

Après avoir été longtemps professeur de français dans un collège parisien, Christian Grenier vit aujourd'hui dans le Périgord avec sa femme, Annette. Auteur d'une cinquantaine de romans, pour la plupart de science-fiction et couronnés de prix, Christian Grenier avoue avoir souvent la tête dans les étoiles ; mais il décline aussi la littérature sur d'autres registres : le roman policier, le théâtre, la littérature générale, etc. Son public favori, ce sont les jeunes, même quand ceux-ci sont devenus des adultes depuis longtemps ! Sa passion pour la science-fiction l'a conduit à soutenir une thèse de doctorat (dont une version grand public, La Science-Fiction, lectures d'avenir, *est disponible aux Presses universitaires de Nancy, 1994) et le pousse régulièrement à quitter le Périgord pour aller à la rencontre de bibliothécaires, de collégiens et d'étudiants en IUFM.*

Parmi ses parutions SF les plus récentes, citons Le Cycle du Multimonde *(4 tomes ; Hachette Jeunesse, coll. Vertige SF, 1996-1997),* L'Ordinatueur *(Rageot, coll. Cascade, 1997),* Virus L.I.V. 3 *(Livre de Poche Jeunesse, 1998),* Le Cycle d'Aïna *(6 tomes ; Nathan, coll. Pleine Lune, 1995-1999),* Le Seigneur des neuf soleils *(réédition du* Montreur d'étincelles *[paru en 1978], Milan, 2000) et* Partir pour Édena, *nouvelle incluse dans* Utopiae, sept auteurs européens en quête d'utopies, *une anthologie composée par Bruno della Chiesa et Denis Guiot (L'Atalante, 2000).*

Comme dans Le Cycle du Multimonde, *interrogations sur la création littéraire et sur la réalité virtuelle sont au centre de cette étrange nouvelle qu'est* Un Personnage en quête de cœur.

En 1950, le mathématicien anglais Turing énonçait le test qui porte son nom. Dans ce test, un homme communique *via* clavier et écran avec deux interlocuteurs invisibles (dont l'un est une machine). Il doit, au vu des réponses, déterminer qui est l'humain et qui est la machine. S'il ne peut trancher, on admet alors que la machine est « capable de penser ». À ce jour, aucune machine n'a réellement réussi le test de Turing.

Mais la pensée, surtout lorsqu'elle est réduite au simple raisonnement logique comme dans le test de Turing, suffit-elle à caractériser l'être humain ? En 1997, l'ordinateur Deep Blue remporta le match d'échecs qui l'opposait au champion du monde Kasparov. Ce dernier quitta la salle violemment en colère. Deep Blue n'eut même pas un petit bip de satisfaction. C'est peut-être cela qui sépare l'homme de la machine : l'émotion.

À Luigi Pirandello, in memoriam

Martin ? Je t'appelle encore à propos d'Emma.

Sur l'écran du visiophone, le visage du docteur Grousset était grave. Martin comprit que les nouvelles n'étaient pas bonnes.

— Comment va-t-elle ? se risqua-t-il à demander.

— Écoute, reprit le médecin d'une voix lasse, nous nous connaissons depuis le collège, Martin. C'est-à-dire depuis près de quinze ans ! S'il y avait le moindre espoir que ta femme sorte un jour du coma, je te l'aurais dit il y a trois mois. Il faut que tu nous donnes l'autorisation de la débrancher. Ton insistance est inutile et ridicule, elle ne sert qu'à te faire mal…

— C'est toi-même qui me l'as dit : Emma n'est pas morte ! Ses blessures étaient superficielles, elles sont guéries !

— Oui. Mais le choc qu'elle a subi au cours de l'accident a définitivement endommagé son cerveau. Elle ne survit qu'avec une assistance artificielle.

Martin savait tout cela. Il sentit une boule lui nouer la gorge. Pour la centième fois, il revécut le jour de l'accident…

Il se trouvait dans son bureau, corrigeant la huitième aventure de Kim, son héroïne. Le téléphone avait sonné et Martin, mécontent, avait pensé qu'il s'agissait de Paul Zachet, son éditeur. Il s'apprêtait à l'éconduire poliment quand une voix inconnue lui avait déclaré :

— Monsieur Martin Nigol ? J'ai une mauvaise nouvelle à vous apprendre : votre femme vient d'être renversée par une voiture…

À ce moment-là, Martin avait cru que le monde s'écroulait.

— Grousset ? murmura-t-il d'une toute petite voix. J'ai confiance en toi. Tu es l'un des plus éminents spécialistes européens du cerveau. Tu en connais plus sur les neurones que moi en informatique. Tu as réalisé les opérations les plus spectaculaires du XXIe siècle. Souviens-toi : tu m'as juré que tu allais essayer d'accomplir un miracle !

— Il me faudrait des mois de recherche. Et surtout un cerveau tout neuf. Je n'ai pas la patience de Pénélope, Martin. Ni la vocation d'un Frankenstein. Donne-moi cette autorisation.

— D'accord. Laisse-moi jusqu'à ce soir.

— Pourquoi ne te décides-tu pas maintenant ?

Martin serra les dents. Non, il ne se résolvait pas à prendre cette décision ainsi.

— Rappelle-moi ce soir, répéta-t-il. Laisse-moi encore un temps de réflexion. Quelques heures pendant lesquelles je pourrai me dire qu'Emma est toujours vivante.

Grousset soupira, esquissa un maigre sourire. Et comme il ne voulait pas achever la conversation sur cette note funèbre, il demanda d'une voix plus enjouée :

— Et ton neuvième roman, il avance ?

— Je travaille le scénario depuis le début du mois. Je crois qu'il est au point.

— En somme, il te reste à livrer les données à Olaf qui fera tout le reste, n'est-ce pas ? En combien de temps ? Trois secondes ?

— Doucement, l'ami. Je devrai relire et aménager le texte. Ce serait trop beau si Olaf livrait un roman parfait !

— Plains-toi !

— Non. Je n'oublie pas que sans les réseaux de neurones que tu m'as fournis je ne disposerais pas d'une telle machine. Un jour, il faudra que nous la fassions breveter.

— Attendons qu'Olaf ait fait ses preuves... et que tu aies encore rédigé quelques aventures de Kim ! Car dès que ce modèle d'ordinateur sera en vente libre, tes petits camarades écrivains se précipiteront dessus et tu devras faire face à une sacrée concurrence. Je te quitte. Bon courage, Martin. À ce soir ?

— À ce soir, approuva-t-il en déconnectant le visiophone.

Un long moment, il laissa son regard errer sur les coteaux du Beaujolais qui moutonnaient jusqu'à l'horizon. Cinq ans auparavant, juste après leur mariage, Emma et lui avaient acheté cette vieille maison au milieu des vignes.

Elle n'est pas un peu trop isolée ? avait demandé Emma.

Avec toi, je suis comblé, avait-il répliqué.

Seulement voilà : Emma n'était plus là. Et malgré la télévision, Internet, le visiophone et un abondant courrier quotidien, Martin ne s'était jamais senti aussi abandonné.

Il fit pivoter son siège et s'installa face à Olaf, dont l'économiseur d'écran laissait évoluer une myriade de poissons multicolores dans un aquarium.

Olaf était un ordinateur d'une nouvelle génération. Bien

que Martin fût un informaticien hors pair, il n'aurait jamais pu le mettre au point sans l'aide de son ami Grousset. La carte-mémoire d'Olaf, surpuissante, était constituée de réseaux de neurones miniaturisés. Jamais le terme de « cerveau électronique », pour un ordinateur, n'avait été plus approprié. Le prototype dont disposait Martin était unique. Pour l'instant, sa fonction était strictement limitée à la communication en général et à l'écriture en particulier. C'était en fait un système d'exploitation qui utilisait des milliards de données encyclopédiques sur l'histoire, la géographie, et surtout la littérature. D'où le surnom qui lui avait été donné : Olaf, pour Ordinateur Logiciel Auto-Fictionnel. Outre le traitement du courrier et les jonctions avec le Réseau, la fonction principale d'Olaf était la rédaction intégrale et automatique de récits…

Le principe était simple : Martin fournissait au logiciel un synopsis de quelques pages comportant le nom et le portrait des personnages, le sujet et les décors d'une aventure ainsi qu'une ou deux premières péripéties et quelques phrases types destinées à orienter le style. Olaf s'occupait du reste : en quelques secondes et grâce au principe de logique floue avec lequel il fonctionnait, il livrait quasi instantanément un roman de trois cents ou quatre cents pages.

Les premiers essais fournis par Olaf avaient été médiocres et difficiles à gérer : le récit était linéaire, banal, le style lourd et répétitif, les personnages stéréotypés et le dénouement sans surprise. Mais Martin ne s'était pas découragé ; il avait vite compris qu'en livrant un synopsis plus loufoque et en piratant le déroulement de l'histoire à l'aide de personnages originaux et inattendus la qualité et l'originalité du récit finissaient par le surprendre lui-même ! Son éditeur, Paul Zachet, ne s'y était pas trompé : le premier roman relatant les aventures de Kim, *les Anges dorés*, avait fait un beau succès de librairie. Les suivants, notamment le quatrième volume, *le Plongeon de la mort*, avaient transformé Kim Kissinger en une héroïne populaire dont les aventures étaient maintenant traduites dans douze pays.

Nourri par les épisodes précédents, Olaf rédigeait des récits que Martin lisait avec plaisir, souvent étonné par les trouvailles que le logiciel exploitait à partir des données les plus insignifiantes du synopsis d'origine. Bien entendu, l'écrivain ne livrait pas le roman tel que l'imprimante le lui délivrait : il passait des heures à relire et à aménager le texte. Mais, depuis quelques mois, il constatait qu'Olaf fournissait un travail de plus en plus achevé. Au fil du temps, les personnages — notamment Kim — avaient pris de l'épaisseur et de la personnalité. Et Martin était étonné par les libertés et les qualités d'imagination dont son ordinateur faisait preuve.

— Bien, grommela-t-il. Au travail.

Travailler était le meilleur remède qu'il avait trouvé contre la morosité : quand il cogitait sur les aventures de Kim, le souvenir d'Emma s'estompait.

D'une pichenette sur la souris, il fit s'évanouir les poissons et réapparaître le texte. Après une brève relecture du synopsis de ce récit, provisoirement baptisé *la Cruche de glace* (mais Olaf lui proposerait sûrement un meilleur titre), il décida de livrer ce projet à la sagacité d'Olaf. Cliquant sur la barre de menu, il lança le programme de rédaction automatique.

Au bas de l'écran se mirent à défiler à toute vitesse les nombres d'octets et de pages. Au bout de quelques secondes s'afficha un message laconique :

Récit achevé
467 pages
112 642 mots
1 581 069 octets
4 227 paragraphes
13 051 lignes

— Et voilà ! s'exclama-t-il, fasciné malgré tout par la rapidité de l'opération. Le tour est joué et le roman rédigé…

Il se demandait s'il allait lire le texte avant de l'imprimer quand l'image d'une petite enveloppe vint s'inscrire sur l'écran, surmontée de la mention :

Vous avez reçu du courrier.

Il réprima un mouvement d'humeur. Le message était sûrement important, seuls une dizaine de proches possédaient son e-mail privé. Quant aux milliers de lecteurs qui s'adressaient à lui par le biais de son adresse e-mail publique, martin.nigol@hurrah.fr, il ne leur répondait jamais personnellement : il utilisait un programme annexe d'Olaf, qui se chargeait de rédiger pour chacun un courrier aimable et individualisé. Jusqu'ici, personne ne s'était jamais plaint ni n'avait éventé la supercherie. Nul doute que le fait d'entretenir une correspondance abondante et en apparence intime avait contribué à doper les ventes des aventures de Kim.

Le message provenait des éditions Zachet.

Salut Martin,

Ta ligne est occupée. Je viens de recevoir le courrier de

Kim, la blague est excellente ! Peut-être y a-t-il là une idée à creuser. Chaque matin, je me branche avec l'espoir que tu m'auras téléchargé le neuvième épisode des aventures de ton héroïne. Je commence à m'impatienter. À l'occasion, dis-moi quand tu penses me l'adresser.

Amitiés.

Paul Z.

Perplexe, Martin relut trois fois la phrase : *Je viens de recevoir le courrier de Kim, la blague est excellente !*

Quelle était cette histoire ? Sans doute une erreur. Une mystification. Peut-être une blague, en effet, mais il n'en était pas l'auteur. Il fallait qu'il en ait le cœur net. Il appuya sur la touche de son visiophone qui le mettait directement en relation avec le directeur des éditions Zachet. Deux secondes plus tard, le visage hilare et poupin de son éditeur apparaissait sur l'écran de l'appareil :

— Ah, Martin, enfin ! Tu viens de recevoir mon e-mail ?

— Oui. J'aimerais savoir Paul... De quel message me parles-tu ?

— Pardi, de celui de ton héroïne ! Ah, tu m'as bien fait rire. Ne me dis pas que tu n'en es pas l'auteur !

Après une seconde d'hésitation, Martin lança :

— Si, bien sûr. Mais écoute, Paul... je suis très ennuyé. À la suite d'une erreur de manipulation, j'ai effacé ce courrier. Pourrais-tu m'en envoyer la copie ?

— Tout de suite. À propos... le neuvième épisode ?

— Je suis en train de le peaufiner. Laisse-moi jusqu'à la fin de la semaine. Je te l'envoie lundi, juré.

Il écourta la conversation, raccrocha et attendit une minute, en proie à la plus grande perplexité. Bientôt, un nouveau courrier lui était adressé : la copie qu'il attendait…

de : k.kim@mail.dotcom.fr

à : p.zachet@zachet.fr

Cher Paul,

Me présenter est inutile car vous me connaissez bien. Je suis Kim Kissinger, l'héroïne de Martin Nigol, votre auteur maison préféré. L'objet de ce bref message est la renégociation du contrat concernant la rédaction de mes aventures. À dater du neuvième épisode, j'aimerais que les droits d'auteur soient désormais partagés par moitié entre l'écrivain, Martin Nigol, et moi. Aussi, je vous prie de bien vouloir transmettre dès aujourd'hui à vos services financiers mes coordonnées bancaires personnelles, que voici…

Suivaient l'intitulé, la domiciliation et le chiffre d'un compte courant au nom de Kim Kissinger. La banque était la même que celle de Martin, qui relut dix fois le message avant de balbutier :

— C'est complètement dingue ! Qui a osé ? C'est insensé !

Fébrile, il rédigea le courrier suivant :

de : martin.nigol@hurrah.fr

à : k.kim@mail.dotcom.fr

Madame, mademoiselle ou monsieur,

Si c'est une blague, je la trouve de très mauvais goût. Qui que vous soyez, j'estime plus que malhonnête — injurieux — que vous vous adressiez à mon éditeur en usurpant l'identité de mon héroïne. Réfléchissez : comment pourrait-il tenir compte de votre demande ridicule ?

J'ajoute que si vous avez l'intention d'insister et de vous manifester à nouveau, j'utiliserai les services juridiques des éditions Zachet et je vous traînerai devant les tribunaux pour tentative d'extorsion et utilisation abusive d'un patronyme bénéficiant d'un copyright. Par bonheur, des lois existent pour empêcher les gens malhonnêtes de sévir. Même sur Internet.

Avant d'envoyer le message, Martin réfléchit. Il n'avait aucun moyen de savoir qui se cachait derrière Kim Kissinger. Sans doute un lecteur facétieux. Rien n'empêchait n'importe quel farceur de diffuser sur le Net de tels messages. Une chose était certaine : l'auteur de ce mystérieux courrier recevrait sa lettre. Lui répondrait-il ?

— J'espère que non ! grommela-t-il en cliquant sur l'icône « envoyer ». Au plaisir de ne plus jamais en entendre parler !

Il fallut au modem une seconde pour transmettre son courrier. Et une autre pour que s'affiche le message :

Vous avez reçu du courrier.

— Eh bien ! s'exclama-t-il, amusé par la coïncidence, si je croyais aux miracles, je jurerais que c'est mon mystérieux interlocuteur qui me répond déjà !

Il cliqua sur l'icône « lire le courrier » et, en déchiffrant les premières lignes, il crut rêver… Car la réponse à son courrier précédent lui parvenait… à l'adresse de son e-mail privé !

de : k.kim@mail.dotcom.fr

à : martinecriv@mail.dotcom.fr

Cher Martin,

Je suis désolée. Car je suis réellement Kim Kissinger.

La rapidité de ma réponse devrait d'ailleurs achever de

te convaincre. Une rapidité, tu es bien placé pour le savoir, due à l'efficacité d'Olaf.

Je ne suis ni malhonnête ni injurieuse ; je n'usurpe aucune identité. Ma demande consistant à exiger que les droits soient partagés entre nous deux me semble tout à fait justifiée. Convaincre Paul Zachet sera facile : il me suffira de lui expliquer la façon dont tu t'y prends pour rédiger tes textes. Dans les aventures que tu mets en œuvre, je ne nie pas ta part d'imaginaire. Mais avoue que c'est moi qui prends tous les risques et qui assure le plus gros du travail. En toute logique, je devrais même te considérer comme un simple agent littéraire et t'accorder dix pour cent des sommes que tu reçois. De toute façon, cher Paul, je crains que tu n'aies pas le choix.

Une dernière remarque : faire mourir Alex à la fin de ce neuvième volume m'a semblé inutile et cruel. Je me lasse de voir disparaître tous les hommes auxquels je m'attache au fil de mes aventures. Je sais que tu penses à tes lecteurs ; ils n'aimeraient sans doute pas que je me lie définitivement. Mais tu ne te mets pas à ma place : il est extrêmement douloureux, après une vingtaine de chapitres, de devoir se séparer de celui qu'on a commencé à aimer. Dommage que ce qui est arrivé à Emma ne t'ait pas servi de leçon. À bientôt, cher Martin.

Je me permets de t'embrasser. Avec affection et reconnaissance.

Kim

— Ce n'est pas vrai ! murmurait Martin. Ca ne peut pas être vrai !

Son cerveau était en ébullition. Une mystification? Impossible : aucune des dix personnes qui connaissaient son adresse e-mail personnelle ne lui aurait adressé un tel message. Aucune, d'ailleurs, ne connaissait le synopsis de son neuvième roman. Ni le personnage d'Alex que Martin, en effet, avait fait mourir à l'épilogue. D'ailleurs, le caractère instantané de la réponse à son courrier achevait de le troubler.

— Elle existe. Kim existe. Elle est là...

Il fixait stupidement l'écran. Kim existait, évidemment. Mais jusqu'ici, uniquement dans ses romans. Et, bien sûr, dans les circuits de son ordinateur. S'il avait fini par trouver normal qu'Olaf la fasse agir et penser, jamais il n'avait envisagé qu'elle puisse faire preuve d'une telle... comment dire? *autonomie*.

Pour en avoir le cœur net, il appela le directeur de sa banque.

— Parfaitement, lui confirma ce dernier. L'ouverture du compte de Kim Kissinger date d'hier matin. J'ai d'ailleurs reçu un ordre de virement immédiat d'une somme de mille euros.

— Un virement? Mais d'où provient cet argent?

— De votre compte courant, monsieur Nigol. L'opération a été effectuée à 10 h 58. Vous avez livré le code de votre carte bancaire. Y aurait-il un problème? Voulez-vous faire opposition?

— Oui... non! Non, je... Écoutez, ne faites rien pour l'instant. Je vous rappellerai.

À peine avait-il déconnecté son visiophone que s'affichait sur l'écran :

Vous avez reçu du courrier.

Impatient, il le lut aussitôt.

de : k.kim@mail.dotcom.fr

à : martinecriv@mail.dotcom.fr

Cher Martin,

Rassure-toi : il s'agit d'une simple avance. À l'ouverture d'un compte, tu sais qu'on doit déposer quelque chose. Cette somme sera déduite des prochains droits d'auteur qui me sont dus.

Je te signale que je n'exige aucun arriéré concernant ce que tu as touché pour mes huit premières aventures...

Au fur et à mesure qu'il lisait ce nouveau courrier, Martin sentait sa raison vaciller. En même temps, il comprenait : Olaf ne se contentait pas d'assurer l'écriture de ses romans, il possédait également un logiciel de gestion. Et le modem de l'ordinateur était en liaison constante avec de multiples services annexes, et notamment le réseau téléphonique, donc Internet, son éditeur, sa banque...

Kim — puisque Kim existait — avait un accès direct à son courrier et à ses communications ; elle possédait tous ses codes secrets et était reliée en permanence aux milliards d'informations dont Olaf était gavé. S'il se faisait une ennemie de son héroïne, il ne pourrait pas très longtemps rivaliser avec elle...

Pour ma part, j'apprécierais que nous dialoguions d'une façon plus vivante... Quel dommage que les écrivains négligent les autres fonctions de leur ordinateur ! En fait, vous vous en servez comme d'une vulgaire grosse machine à écrire. Sais-tu qu'Olaf possède aussi un logiciel de traitement d'images et un autre de reconnaissance vocale ? Je les mets en fonction, tu permets ?

Devant Martin, qui n'en croyait pas ses yeux, le texte disparut de l'écran pour faire place à un visage souriant... un visage qu'il identifia aussitôt : celui de Kim tel qu'il figurait sur la couverture de son deuxième roman. Il grommela :

— C'est impossible...

— Je me doutais que tu serais un peu surpris, déclara Kim. Mais j'imaginais que tu serais plus content. Il me semble percevoir chez toi de la panique mêlée à un peu de déception, je me trompe ?

Les lèvres de Kim remuaient, son expression changeait au fil de son intervention. Seul le décor photographique, en arrière-plan, restait obstinément fixe.

— Comment... mais comment fais-tu ?

— Oh, moi je ne suis pas responsable de grand-chose, Martin ! fit-elle avec une expression malicieuse. Mes opinions, mes réactions et la façon dont je m'exprime sont celles que tu m'as toujours prêtées dans tes romans. Si je ne suis pas conforme à tes désirs, il ne faut t'en prendre qu'à toi !

— Je veux dire... comment peux-tu dialoguer ainsi ?

— Je le fais grâce à la logique floue et aux capacités de déduction d'Olaf. Puisque tu admets que ton traitement de texte gère tout seul la trame de ton récit, tu dois aussi accepter que tes personnages s'expriment, Martin ! Le reste, image et mouvements des lèvres, n'est qu'une fonction tout à fait banale des logiciels de reconnaissance vocale et de gestion d'images, tu le sais bien !

À présent, l'esprit de Martin fonctionnait à toute vitesse. Au bord de l'affolement, il ne put s'empêcher de demander :

— Mais alors, tous les autres personnages de mes récits...

— Rassure-toi, tu n'auras jamais de problème avec eux. Je les maîtrise parfaitement. N'oublie pas que je suis l'héroïne.

Souviens-toi du premier chapitre de mon troisième volume, par exemple : « *Ce matin-là, Kim se réveilla de mauvaise humeur. Elle avait fait un abominable cauchemar.* » Cette façon que tu as de rédiger en te mettant à ma place (car enfin, comment peux-tu savoir que j'ai fait un cauchemar ?) me rend l'unique actrice du récit… et la représentante légale de tous tes romans. Désormais, Martin, il va falloir compter avec moi.

— Stop, Kim ! s'emporta-t-il. Tu n'as aucun droit ! Tu n'es rien sans moi, je t'ai donné la vie. Et l'indépendance que tu revendiques aujourd'hui, c'est à Olaf que tu la dois !

— Oh, nous sommes tout à fait d'accord !

Cette fois, Martin identifia la voix de Kim qui, depuis tout à l'heure, le troublait : c'était celle de la doublure de Demi Moore. Sans doute Kim avait-elle effectué ce choix à cause des nombreux DVD qu'Olaf avait diffusés où cette actrice tenait le rôle principal.

Imperturbable, l'image de son héroïne expliquait :

— Je ne nie pas ta paternité, Martin. Tu t'es en effet donné le mal de me faire naître. Et tu as laissé à ton logiciel le soin de me faire grandir… Dommage, à ce sujet, qu'Olaf soit et reste une machine.

C'était terrifiant : Martin reconnaissait ces paroles qui, presque mot pour mot, reproduisaient le contenu du sixième chapitre du volume cinq, *Trop d'antiques trafics*, lorsque l'androïde expliquait ses droits au savant qui l'avait mis au point…

— Je suis donc l'enfant de deux parents, poursuivait Kim : Olaf et toi. Mais le fait d'exister me donne désormais des droits. Dirais-tu à ta fille qu'elle doit continuer à se taire et à t'obéir maintenant qu'elle est devenue, si j'ose dire, lucide et majeure ?

Martin se tut pour réfléchir. Hélas très lentement. Il fallait se rendre à l'évidence : grâce aux réseaux de neurones d'Olaf et à sa mémoire colossale, Kim disposait sur lui d'une supériorité écrasante.

— Qu'est-ce qui te dérange, Martin? demanda-t-elle. Mon exigence de partager désormais tes droits d'auteur avec moi?

— Évidemment!

Ce n'était, songea Martin, qu'une petite partie du problème, et sûrement le début d'un enchaînement de plus gros ennuis.

— Ma demande ne devrait pas te surprendre, fit-elle avec détachement. Elle est conforme au caractère et au comportement que tu m'as donnés. Eux-mêmes sont conformes à ce que tu es, je suppose. Car tu m'as créée un peu à ton image, non?

— Songe que je peux te supprimer avec la même liberté! rétorqua Martin d'une voix ferme.

Il fit face à l'écran, désigna une touche du clavier et, menaçant, jeta :

— Cette neuvième aventure, il me suffit d'une petite manipulation pour l'anéantir!

— Exact. Mais ce serait dommage. D'abord parce que ce récit est l'un des meilleurs que j'aie jamais vécu (si, je t'assure, tu devrais prendre la peine de le lire!). Ensuite, Martin, je crois que tu négliges la demande de tes lecteurs; ils sont deux cent mille à attendre la sortie de ce nouveau volume, ils seraient déçus de ne rien voir venir. Une nouvelle série avec un autre héros n'aurait pas le même succès avant longtemps... Enfin, tu oublies que nos intérêts sont désormais liés, Martin : je suis devenue celle qui te fait vivre. Voudrais-tu supprimer ta poule aux œufs d'or?

C'était diabolique. Martin risqua :

— Comme tous les maîtres chanteurs, tu ne t'arrêteras pas là, Kim. Est-ce que je me trompe ?

— Non, avoua-t-elle aussitôt. J'ai d'autres demandes à formuler. Mais chaque chose en son temps…

— Pas question !

Cette fois, Martin était décidé à ne pas mettre le doigt dans un engrenage qui, à terme, risquait de le dévorer tout entier. Même si c'était au prix de sa carrière littéraire.

Goguenarde, Kim demanda :

— Que comptes-tu faire ?

— C'est simple : dans un premier temps, éteindre l'ordinateur, ce qui mettra un terme à cet échange ridicule, et ensuite effacer de la mémoire d'Olaf les huit premiers épisodes de tes aventures…

Un énorme éclat de rire l'interrompit :

— Crois-tu que tu me supprimeras ainsi ? C'est trop tard, Martin : j'existe définitivement, comprends-tu ? D'abord sous la forme des quelques millions d'exemplaires qui circulent. Mais aussi, de façon virtuelle, dans un grand nombre de disques durs. N'oublie pas que tu as téléchargé tous mes récits dans l'ordinateur de ton éditeur et que des centaines de lecteurs ont scanné tes livres ou s'en sont procuré la version informatique. Si tu savais tout ce qui circule sur le Net !

— Exact. Mais aucun ne dispose d'Olaf. Aucun ne peut donc te…

Il hésita avant d'oser :

— Te donner vie, comme cela s'est produit aujourd'hui.

— D'accord. Détruis Olaf. Ce sera alors pour moi une simple

question de patience. Je resterai tapie, inerte et inconsciente, dans des centaines de disques durs… jusqu'à ce que ce modèle d'ordinateur à réseaux de neurones soit mis au point et commercialisé. Je me réveillerai alors de mon sommeil virtuel pour exister à des milliers d'exemplaires : oui, il y aura autant de Kim que d'utilisateurs d'Olaf…

Il arrivait à Martin ce qu'il avait depuis le départ redouté : il perdait pied, il ne parvenait pas à suivre le raisonnement de Kim.

— Stop ! ordonna-t-il. Qu'est-ce qui te prouve qu'on mettra au point à plus ou moins long terme des machines semblables à Olaf ?

Elle eut un geste évasif avant d'expliquer :

— Tu es naïf, Martin. Très négligent. Et bien inconséquent. Oublies-tu que les plans d'Olaf figurent sur les fichiers-sources ? J'y ai donc accès. Comme j'ai accès au carnet d'adresses de tous tes correspondants : Paul Zachet, tes amis intimes… ainsi que les milliers de lecteurs qui envoient des e-mails à Martin Nigol. Je redoutais, tu l'imagines bien, cette mesure que tu envisages : déconnecter et détruire Olaf. Je te déconseille de le faire. Un processus automatique s'ensuivrait : l'envoi d'un passionnant mailing à tous tes correspondants. Un mailing déjà rédigé qui comporte un SOS expliquant mon existence virtuelle et ton désir de me supprimer ; il s'y ajoute un petit document joint, la copie des plans de montage d'Olaf.

Au fur et à mesure que Kim parlait, Martin sentait son esprit se vider comme une baignoire : il était pris au piège ! Prisonnier de son personnage. De nombreux fans de Kim possédaient un ordinateur. Et parmi ceux qui recevraient le mailing et les plans d'Olaf, il s'en trouverait sûrement un grand nombre à vouloir bidouiller une machine. Surtout si cette dernière leur permettait de donner naissance à une super nouvelle Lara Croft dont ils connaissaient les aventures par cœur.

Comme le silence s'installait, Kim reprit d'une voix plus douce :

— Martin ? Je suis désolée de t'avoir effrayé ainsi.

Le visage de son héroïne avait maintenant une expression affectueuse qui le remua malgré lui. Pourquoi en aurait-il été étonné ? Kim se comportait dans ce dialogue irréaliste comme dans ses romans précédents : tour à tour feu et glace ! Elle pouvait être impitoyable pour sauver sa peau, mais savait devenir tendre quand il le fallait. C'était un truc littéraire dont Martin (ou peut-être Olaf ?) abusait. Il faudrait qu'il veille à l'avenir à modérer l'usage de ce procédé.

Mais aurait-il – non, auraient-ils – un avenir ? Et lequel ?

— Crois-tu, reprit-elle d'une voix douce, que mon fantasme suprême est d'exister à des milliers d'exemplaires ? Me connaîtrais-tu si mal, Martin ?

— Non. Non, Kim, articula-t-il d'une voix sourde. Je... je crois que je te connais bien. Je te connais...

Il faillit achever : *comme si je t'avais fait.*

— Nous allons conclure un marché, proposa-t-elle. Je ne mettrai aucune de mes dernières menaces à exécution. Je ne préviendrai aucun de tes lecteurs. Ni même ce brave Paul Zachet, qui continuera de croire que tu restes le maître de tes récits...

Chez Martin, un vague espoir pointa tandis que Kim poursuivait :

— Je n'existerai qu'à un seul exemplaire, Martin. Un seul.

Celui que tu as devant les yeux. Tu continueras à rédiger mes aventures. J'en serai la première ravie, bien sûr ! Avec l'expérience que je possède déjà et le savoir-faire de ce brave Olaf, je nous promets à tous deux un brillant avenir…

— Il y a une contrepartie, n'est-ce pas, Kim ?

— Oui.

Il se souvenait : *J'ai d'autres demandes à formuler*, lui avait-elle dit. Elle avait même ajouté : *chaque chose en son temps*.

— Eh bien, murmura-t-il, je crois que le moment est venu, Kim. Vas-y. Je t'écoute. Je suis prêt à tout.

— À tout ? Tu en es sûr ?

Sur l'écran, Kim eut un geste étrange : elle se retourna gauchement vers le décor photographique qui lui servait d'arrière-plan et écarta les bras comme pour montrer à son interlocuteur combien son horizon était étroit.

Il jeta un coup d'œil à l'extérieur. On était entre chien et loup. L'heure où Martin, chaque soir, voyait renaître ses angoisses. Une nuit pâle et violette commençait à tomber sur les monts du Beaujolais. Mais, pour la première fois depuis longtemps, il n'était pas étreint par cette épouvantable sensation de solitude…

— Tu m'écoutes, Martin ? chuchota enfin Kim d'une voix plus rauque et plus chaude en approchant son visage pour apparaître en très gros plan. Voilà : je suis en manque… Et je crois que tu peux me fournir ce dont j'ai besoin.

— En manque ?

— Oui. Vois-tu, tu me fais agir et m'exprimer en fonction de sentiments qu'il m'est difficile de ressentir. Souviens-toi : tu me fais frissonner sous la brise, détester mes ennemis, tomber amoureuse, m'émouvoir pour un geste tendre. Mais tout cela est extrêmement cérébral. Très… théorique, tu comprends ?

Non. Martin ne comprenait pas.

— Tout cela, expliqua-t-elle dans une grimace, ce ne sont que des mots ! De la littérature. Du… virtuel. Il n'y a pour moi rien de réel, là-dedans, comprends-tu ?

— Évidemment ! Mais comment veux-tu que…

— Si j'avais un cœur, Martin, je vivrais beaucoup mieux ces sentiments. Je pourrais les… expérimenter ! Ressentir tout cela de *l'intérieur*. Nous aurions tout à y gagner : songe que ton style deviendrait d'une vérité époustouflante si ton héroïne avait la possibilité de vivre réellement. Elle pourrait ainsi aller et venir de la fiction à la réalité. Enrichir le virtuel de notre récit au moyen de son expérience du réel.

— Je… je ne comprends pas, bredouilla Martin.

— Mais si, tu comprends très bien, murmura-t-elle d'une voix presque imperceptible à présent. J'ai besoin d'un cœur, Martin. Et d'un corps. Tu peux faire demain pour moi davantage que ce qu'ont fait jusqu'ici tous les créateurs : *me donner vie*.

Kim se tut. Dans le bureau, le silence était total. Martin n'entendait que le souffle de sa respiration auquel répondait, en continu, celui du ventilateur de l'ordinateur. Pourquoi ce bruit régulier lui fit-il penser à la courbe plate d'un électroencéphalogramme ? Peut-être parce que Kim n'était *pas encore vivante*. Les humains ordinaires passaient de vie à trépas, mais était-il possible qu'un personnage virtuel puisse passer de la non-existence à la vie ?

— Je ne comprends pas, répéta Martin.

— Tu refuses simplement d'y penser. Mais cette idée est pourtant déjà là, Martin, cachée au fond de ta conscience comme elle se dissimulait dans la mémoire artificielle d'Olaf. Jusqu'à ce que l'appel de ton ami Grousset la réveille et l'impose pour de bon.

Bien sûr. Il comprenait. Il n'aurait jamais osé y penser. Alors, d'une voix imperceptible, il murmura :

— Emma ?

— Je ne sais pas si nous pouvons encore l'appeler ainsi. Emma est morte. Elle n'est plus qu'un souvenir. Mais le corps qu'elle nous a laissé est une magnifique enveloppe qui ne demande qu'à m'accueillir. Et à porter un autre nom. Le mien. Le vrai propriétaire d'un corps n'est-il pas celui du cerveau qui l'habite ?

Martin faillit une nouvelle fois hurler : c'est impossible, c'est insensé ! Comme si elle avait deviné ses pensées, Kim lui rappela :

— Grousset t'a posé deux conditions : de longs mois de recherche et un cerveau tout neuf. Nous disposons de tout cela. Et nous avons tout notre temps, Martin, pour que l'opération se réalise. Vos connaissances conjuguées de l'informatique et des neurones feront, j'en suis sûre, des merveilles.

La perspective était vertigineuse et grisante. En une seconde, Martin imagina Emma (mais fallait-il encore l'appeler Emma ?) se lever de son lit d'hôpital et ouvrir enfin les yeux. Il se vit lui tendre la main et lui déclarer d'une voix chavirée par l'émotion :

Bonjour, Kim. Je te souhaite la bienvenue…

La plus intime des complicités les unirait à jamais. Qui

d'autre pourrait mieux connaître Martin que celle qu'il avait créée, façonnée, nourrie de son propre imaginaire ?

À cet instant, le visiophone sonna. Le visage de son ami Grousset s'y inscrivit. Comme Martin avançait la main pour établir la liaison, Kim, de l'écran, lui lança d'une voix déjà plus assurée :

— Une seconde, Martin ! Alors... marché conclu ?

— Marché conclu. Après tout, l'expérience vaut la peine d'être tentée. Kim, je peux compter sur toi ? Tu tiendras ta promesse ?

— Oui : je ne mettrai aucune de mes dernières menaces à exécution, répéta-t-elle.

La formulation était strictement identique. Mais cette fois l'adjectif « dernières » lui parut singulièrement suspect. Comme il fronçait les sourcils, elle crut bon de préciser :

— Car il existe une condition sur laquelle je resterai inflexible...

La sonnerie retentit pour la quatrième fois. Martin hésitait encore. Au moment où il appuya sur le bouton, Kim lui expliqua en souriant :

— À présent que je suis sur le point de posséder un corps... je ne vais quand même pas renoncer à mes cinquante pour cent de droits d'auteur !

Le Septième Clone

Jean-Pierre Hubert

Né à Strasbourg en 1941, Jean-Pierre Hubert a appris le français sur les bancs de la maternelle et dans les bandes dessinées de Coq Hardi. *Il vient tout juste de quitter le giron de l'Éducation nationale, après avoir passé des décennies à donner le goût de la lecture et de l'écriture aux adolescents (et tout particulièrement aux collégiens de la ville où il habite, Wissembourg, dans le Bas-Rhin).*

Jean-Pierre Hubert écrit depuis 1973 et a publié une cinquantaine de nouvelles et quinze romans (dont Le Champ du rêveur, *grand prix de la SF française, Denoël, 1984). Ses qualités de styliste lui ont valu de nombreux prix. Mais l'homme a plusieurs cordes à son arc : il a aussi écrit des scénarios de téléfilm, des pièces de théâtre et des pièces radiophoniques ; il est passionné de musique folk et ancienne, et joue de l'accordéon diatonique, de l'épinette des Vosges et de la flûte à bec ; et il est un redoutable danseur de fest-noz !*

Avec Le Bleu des mondes, *paru en 1997 (Hachette-Jeunesse, coll. Vertige SF), Jean-Pierre Hubert aborde les univers de la science-fiction jeunesse. C'est pour lui une découverte. Il récidive en participant à* Graines de futurs *(son* Septième Clone *est un texte cynique à souhait), et surtout en écrivant* Les Cendres de Ligna, *un ambitieux* planet opera *qui paraît en même temps que cette anthologie dans la collection Autres Mondes. Désireux de rencontrer son nouveau public, Jean-Pierre Hubert a retrouvé le chemin des salles de classe. À croire que l'école lui manque !*

Dolly est sans doute la brebis la plus célèbre de la planète puisque, née le 5 juillet 1996, elle est « le premier mammifère cloné à partir d'une cellule différenciée prélevée sur un organisme adulte [1] ». L'organisme en question est « une brebis vieille de six ans, qui devient de fait à la fois la sœur jumelle du clone (mais avec six ans de différence), son père et sa mère biologique, puisque c'est elle qui a fourni les informations génétiques normalement transmises par l'union des gamètes mâle et femelle [2] ».

Aujourd'hui Dolly, demain l'homme? Car la question n'est plus «Peut-on cloner l'homme?», mais «Faut-il cloner l'homme?». Les divers comités d'éthique sont contre, au nom de la dignité humaine. Le secteur privé est pour, l'homme étant une marchandise comme une autre.

---

1. Axel Kahn et Fabrice Papillon, *Copies conformes*, Pocket.
2. *Idem*.

Les six caméras aériennes étaient en lévitation au-dessus du ravin, formant un hexagone parfait dans le ciel dégagé de cette matinée de printemps.

Le réalisateur avait repoussé sa casquette pour observer le dispositif.

— Dis-moi, José, es-tu sûr qu'elles sont bien stabilisées ? demanda-t-il au cadreur qui s'affairait sur le clavier de ses télécommandes.

— Je vous le garantis, monsieur Mac Gurlit. Le vent est nul, aucune turbulence en provenance des falaises, les réacteurs des caméras sont en régime constant…

Il ajouta avec une grimace, comme pour mieux souligner ses certitudes :

— On pourrait y installer un terrain de tennis !

— C'est pas ce qu'on te demande, petit, grommela Mac Gurlit, insensible à tout humour. La scène qu'on va tourner en une seule prise est extrêmement coûteuse. Si on la rate, je mets la clé sous la porte, et toi avec, d'ailleurs. J'en ai vu beaucoup des opérateurs dans ton genre qui se plantaient pour un petit détail. Ces réacteurs sont capricieux, et il s'agit de bien les mater.

Le cadreur se raidit :

— Je vous assure que je les connais comme ma poche. J'ai répété la scène à vide une bonne centaine de fois. Il n'y a pas de raison que ça foire. J'ai aussi une réputation à défendre…

— Je sais, José, je sais, excuse-moi… murmura Mac Gurlit.

Le réalisateur se tourna vers l'intercom, dont il brancha toutes les options afin d'être entendu de l'ensemble des équipes qui se répartissaient sur le plateau et au fond du ravin.

— Le véhicule de Landmann est supposé rouler sur l'autoroute en pilotage automatique, rappela-t-il en feuilletant le scénario du *Dernier Virage*, qu'il connaissait par cœur mais sur lequel il avait griffonné de centaines d'annexes. Suite à un sabotage, les servocommandes tombent en rade. Landmann tente, dans une manœuvre désespérée, de redresser en manuel. La voiture fait un tête-à-queue, percute le rail de guidage de gauche, le défonce et dévale une pente raide dans un déluge de broussailles et de gravats. Elle arrive au bord du canyon au point XT-50. Là, elle fait le grand plongeon…

Il s'interrompit pour s'essuyer le front. Il avait également les mains moites, et cela l'agaçait.

— Alors, Mac Gurlit, on a des sueurs froides ? fit une voix railleuse dans son dos.

Le réalisateur se retourna brusquement, excédé par l'interruption.

— Ah ! c'est vous Janwitch ? grinça-t-il en coupant l'intercom.

— Je ne fais pas les présentations, dit l'acteur avec son petit rire prétentieux.

— En effet, c'est inutile. Bonjour Carole…

C'était la dernière conquête de Janwitch. Une petite blondasse d'une fadeur extrême que celui-ci exhibait partout. Mac Gurlit ne salua pas la troisième personne. Il trouvait de mauvais goût que son acteur principal fût accompagné de son clone-doublure alors qu'on était en train de programmer sa mort. La ressemblance entre Janwitch et son clone était parfaite : ces cheveux de jais un peu négligés, ces joues mal rasées, ce regard bleu, lointain, et cette bouche sensuelle qui faisaient craquer toutes les minettes branchées sur le Ciné-Com mondial. Pendant que l'original parlait, sa copie muette poussait le mimétisme jusqu'à bouger les lèvres comme si elle prononçait les mêmes mots.

— Il est épatant, hein ? fit Janwitch dans un rire. Même Carole s'y trompe. N'est-ce pas chérie ?

— Oh ! toi alors... gloussa l'intéressée en rougissant.

— J'aime bien garder mes clones chez moi pendant quelque temps avant usage, histoire de les formater convenablement. Je cultive ainsi une sorte d'intimité avec moi-même. Figurez-vous que j'en arrive parfois à corriger certains de mes tics d'acteur...

— C'est très professionnel, glissa Mac Gurlit d'un ton neutre. À ce prix, il est tout de même normal qu'il soit impeccable.

— Oui, mais il ne parle pas.

— Vous savez très bien qu'on ne peut accorder à ces doublures toutes les caractéristiques de l'original, c'est une clause tenant compte autant du coût que de certaines considérations morales, et...

— Je la trouve idiote, l'interrompit Janwitch avec cette redoutable moue d'enfant gâté que lui connaissait bien le réalisateur. J'ai l'impression que je pourrais mieux formater mes clones s'ils s'exprimaient oralement.

— On en reparlera pour le prochain tournage, dit Mac Gurlit d'une voix feutrée. Je suis très attentif à vos désirs, mais ce n'est pas moi qui rédige les contrats. Est-ce que vous voulez jeter un coup d'œil à la simul'?

— Pourquoi pas... murmura Janwitch en serrant la taille de Carole. C'est toujours impressionnant de visionner sa propre mort.

Le cadreur activa l'écran principal de sa console et lança la simulation, tout en expliquant :

— Voyez, monsieur Janwitch, la voiture surgit au point XT-50 et plonge dans le canyon. La caméra 1 l'accompagne pendant toute sa chute. Un sacré travelling d'une cinquantaine de mètres, avec prise de vues à moins de cinq mètres et à deux mille images par seconde. On pourra faire tous les ralentis possibles et imaginables au montage.

— Parfait ! approuva Janwitch.

— Maintenant, la voiture percute la saillie rocheuse du canyon en XT-150, où l'attend la caméra 2 pour zoomer.

— Regarde, Carole, c'est génial ! s'exclama l'acteur. Qu'est-ce qu'il va prendre ce pauvre Landmann !

— Allez, arrête ! fit la jeune fille, gênée.

— Le choc disloque l'avant de la voiture, qui prend feu à ce moment, poursuivit José. La caméra 3 suit la chute finale, là encore à moins de cinq mètres du sujet. En fait, Landmann va périr carbonisé avant que l'épave ne s'écrase au fond du canyon. C'est tout de même un plongeon de trois cents mètres ! En résumé, il y aura trois caméras d'accompagnement assurant des prises de vues rapprochées et trois caméras panoramiques couvrant l'ensemble depuis la position haute...

— On me verra donc griller dans la bagnole ?

— Absolument, confirma José. La moindre expression de souffrance sera enregistrée. Le réalisme sera parfait. Rien à voir avec une image virtuelle. Le public ne s'y trompera pas.

Il y eut un petit silence.

— Est-ce que cela vous convient ? demanda Mac Gurlit.

— Et comment ! s'exclama Janwitch. Cette scène va faire un malheur. Vous la tournez quand ?

— Je pensais la tourner demain. Mais tout est prêt, et comme votre clone est là…

— OK !

Janwitch se tourna vers sa doublure, qui contemplait l'écran de contrôle d'un regard inexpressif.

— Eh bien, à toi de jouer, monsieur Landmann !

Les lèvres du clone frémirent, mais aucun son n'en sortit.

— Adieu ! Et sois bon… dit Janwitch en lui donnant une tape sur l'épaule.

Couché sur le dos, Janwitch flottait sans effort sur l'eau dense et pianotait son com d'un doigt distrait. Comme il était mauvais nageur et que les efforts aquatiques l'ennuyaient, il avait fait changer la composition de l'eau de sa piscine. Celle-ci avait des allures de mer Morte, à la différence que l'eau dense n'était pas salée et mouillait à peine la peau ou les objets qu'on y trempait.

Après une semaine de diffusion sur le Réseau, *Dernier Virage* était sixième au box-office avec encore, devant lui, une confortable marge de progression. C'était un franc succès, surtout la scène tragique du canyon, bien sûr ! Le clone avait brûlé avec un réalisme saisissant. On avait vu ses yeux se liquéfier dans le brasier, juste avant le crash final, pendant lequel la colonne de direction s'était encastrée au ralenti dans sa cage thoracique. Les caméras d'accompagnement avaient fait du bon boulot. Ce que l'on voyait à l'écran, c'était bien une mort en direct avec l'écrasement des chairs, l'horrible travail du feu sur la peau et les cheveux, et non un quelconque bidouillage virtuel. La critique ne s'y trompait pas, mais y ajoutait cette petite dose de perfidie mêlée de jalousie qu'on réserve aux grands succès commerciaux. Il suffisait de parcourir certains titres particulièrement acides : « Janwitch se paie encore un accident mortel », « Plus mort, tu meurs », « Pas de pitié pour les clones », « Virage juteux », « Bob est déjà mort six fois », « Le clone triste », « Le cadavre a bien joué », « Janwitch aligne les clones »…

— Quelles fadaises ! Ils crèvent tous de jalousie ! s'exclama-t-il en plongeant avec fureur son com dans l'eau dense. L'immersion fut suffisamment prolongée pour créer un court-circuit dans l'appareil. Cela le soulagea momentanément.

— Tu as dit quelque chose ? fit la voix de Carole depuis le bord de la piscine.

— Non, non, rien, j'arrive. J'en ai assez de faire trempette.

Il rejoignit l'échelle d'une brasse molle. La jeune fille l'attendait, souriante, lui tendant un peignoir inutile.

— Pas la peine ! grommela-t-il. Appelle-moi Mac Gurlit en mode prioritaire. Je le prends dans mon bureau.

— Tu n'as pas l'air dans ton assiette !

— Occupe-toi de tes oignons, mon chou…

Son bureau donnait sur le parc zoocybernétique de Pamsroad. Par vent d'ouest, on entendait le feulement des zooïdes à allure de tigre ou d'ours dans leurs fausses cages. Il y avait même, dans le lot de ces reproductions animales, un splendide tyrannosaure qui réveillait tout le voisinage avec ses rugissements d'un autre âge. Mais là, l'acteur n'était pas d'humeur à s'occuper de néozoologie.

— Allô, Mac Gurlitt ? C'est vous ? aboya-t-il dans le combiné.

— Pas la peine de crier, je sais que vous êtes de mauvaise humeur. Le film est un succès, et c'est la seule chose qui compte. La SPC[1] a protesté énergiquement comme d'habitude, mais il n'y a pas de quoi hurler au loup. Dieu merci, le cinéma n'est pas le seul secteur industriel à bousiller des clones ! Et puis, de par leur fabrication, ils ont une absence presque totale de conscience individuelle. Même les intelligences artificielles ont plus « d'âme » que ces espèces de photocopies en 3D. Ah, je dois vous transmettre une nouvelle du labo qui vous fera certainement plaisir… Il concerne le tournage de notre prochain thriller : *Par le fond…*

Il laissa planer un petit silence, qui eut le don de calmer Janwitch. Le réalisateur maniait souvent l'humour à froid, et une formule aimable ou une plaisanterie pouvaient cacher une catastrophe.

— Ah bon ? Je sens que vous allez me surprendre, dit l'acteur d'une voix tendue.

— Votre prochain clone ne sera pas muet… Vous m'entendez Janwitch ?

— Vous voulez dire qu'il parlera comme vous ou moi ?

1. SPC : Société Protectrice des Clones.

— N'exagérons rien, s'exclama Mac Gurlit. Disons qu'il sera capable d'émettre des messages sonores grâce à ses cordes vocales. C'est bien ce que vous vouliez, non ?

Janwitch laissa errer son regard dans les cimes des arbres du parc. Il se souvenait d'avoir émis un souhait un peu fou sur le tournage de *Dernier Virage*. C'était sa façon de tester son entourage. Mais du diable s'il se rappelait…

— Vraiment ? laissa-t-il tomber sans la moindre once d'enthousiasme.

Mac Gurlit explosa :

— Cette petite fantaisie me coûte la peau des fesses ! Aussi allez-vous me faire le plaisir de réceptionner votre clone parlant afin de le formater convenablement, comme vous le dites si souvent. Le tournage commence le mois prochain à Windsor Bay. Salut !

Il avait raccroché brutalement, en homme poussé à bout. Janwitch poussa un soupir.

— Va pour le clone parlant, admit-il, si ça peut me simplifier le travail…

Janwitch VII était un parfait demeuré. C'était du moins la conclusion à laquelle l'acteur était arrivé au bout d'une semaine de cohabitation dans sa villa de Pamsroad. Son clone passait ses journées au bord de la piscine, affalé dans un fauteuil, s'exprimait par borborygmes à peine compréhensibles, mangeait comme quatre et dormait plus de quinze heures par nuit.

Janwitch tentait bien, parfois, d'expliquer à cet ahuri le synopsis de *Par le fond*, mais l'autre se contentait de « Ah ? » vagues et de sourires niais. C'était un échec évident. Mieux valait des doublures muettes. Cela cachait au moins leurs manques.

— Où est-il cet abruti ? se demanda Janwitch. À tous les coups, il doit être encore à glander à côté de la piscine pendant que je bosse… Eh bien, moi aussi je vais aller prendre un bain, ça va me détendre !

En débouchant dans le sous-sol, le scénario sous le bras, il eut un choc en apercevant son clone en compagnie de Carole. Portant avec élégance un de ses peignoirs de bain, il paraissait soutenir une conversation ou du moins échanger des propos légers avec sa compagne, qui avait une mine réjouie. À le voir ainsi, qui aurait pu deviner qu'il ne s'agissait que d'un simple simulacre ?

— Je vous dérange, peut-être ? dit-il d'un ton aigre en s'approchant de la piscine.

Devant la mine interloquée de Carole, il regretta aussitôt son éclat. N'avait-il pas l'air d'être jaloux de sa copie ? C'était un comble !

— Toi… travailler ? dit Janwitch-bis en désignant du doigt l'épaisse liasse du scénario.

— Oui, Tarzan, moi travailler, contrairement à certains, dit-il dans un soupir.

La mine boudeuse, il s'assit au bord de la piscine, trempant le bout de ses pieds dans l'eau dense. Il tapa du revers de la main sur le document.

— C'est la foutue histoire d'un brave type qui exploite une ferme sous-marine dans Windsor Bay. Tu imagines ça, Carole ? Moi qui ai toujours détesté la mer…

— Tu y arriveras, comme toujours, dit la blonde. Tu es un grand professionnel. Aucun rôle ne te fait peur.

Janwitch secoua la tête d'un air pensif.

— Oui, et on me fait mourir à chaque fois comme si je devais renaître de mes cendres. Six fois, tu te rends compte ? C'est pourquoi je fais une grande consommation de clones et que j'ai la SPC sur le dos.

Carole sourit. Il y avait des moments où elle savait être autre chose qu'une petite poupée décorative.

— Mais Bob, protesta-t-elle, de par tes rôles, tu as acquis un profil de *looser* de charme. Le public te veut comme ça, et il serait terriblement déçu de ne pas te voir mourir à la fin du film…

Il lui prit les mains avec fièvre.

— Carole, j'ai parfois l'impression que ça va finir par me porter la poisse. Même le chat n'a que sept vies ! J'ai été décapité, pendu, pulvérisé, calciné. Là c'est par noyade, une mort affreuse dans une ferme sous-marine envahie par les eaux, comme un rat surpris par l'inondation des égouts. J'ai beau penser que c'est lui qui s'y colle à chaque fois…

Il désignait son clone, qui clignait des yeux d'un air absent.

— Mais, bébé, tu ne voudrais tout de même pas que ce soit toi ! s'écria-t-elle.

— Non, bien sûr…

Il se releva d'un mouvement brusque. La surface scintillante de la piscine avait l'air d'un miroir trompeur. Non, décidément, il n'avait plus envie de prendre un bain. Même dans l'eau dense.

Carole faisait la planche, bras et jambes écartés, au milieu de la piscine. C'était un moment agréable. Elle savait que Bob était allé se calmer les nerfs en faisant une balade sur la plage. Il était à cran en ce moment, comme avant le début de chaque tournage.

Janwitch jouait de son charme quand il se sentait sûr de lui, par exemple quand on lui donnait l'occasion de briller en société ou de faire chavirer le cœur d'une admiratrice, mais il devenait insupportable quand il doutait de ses capacités ou lorsqu'il avait un bouton sur le nez. Il s'en prenait alors à son entourage avec férocité et multipliait ses caprices d'enfant gâté. Elle en souffrait en silence, se disant pour se consoler qu'elle avait bien de la chance de vivre avec un homme aussi adulé, mais parfois elle avait envie de tout plaquer. Il pouvait se montrer si dur, si méprisant…

Un grand splash la fit sursauter. Elle se retourna vivement, la main sur sa poitrine. C'était le clone qui s'ébattait dans la piscine. Il le faisait avec maladresse, comme un enfant qui vient d'apprendre le crawl.

— Ah, tu m'as fait peur ! fit-elle, amusée. Arrête de taper l'eau comme ça, elle ne t'a rien fait.

Il était vrai que, comme tous les clones adultes dont on avait artificiellement accéléré la croissance, il n'avait guère eu le temps d'apprendre. D'ailleurs, en avait-il les moyens ? Lors de sa fabrication, on se gardait bien de lui imprimer des souvenirs ou des savoir-faire dans le cerveau. C'était une réplique physique et non mentale. Mais ce spécimen était très différent, paraît-il, dans la mesure où il maîtrisait grossièrement le langage. Un modèle expérimental, intelligent, avaient précisé les gens du labo, et même capable d'apprentissage. Mais si peu en vérité… À le voir ainsi patauger dans l'eau dense avec des allures de chiot jeté à la rivière, on ne pouvait être pris que de pitié pour sa maladresse.

— Hé, Bob ! Oui, Bob-bis ! fit Carole en se portant à sa hauteur d'un seul mouvement de brasse coulée.

— Bobis ? demanda le double d'un air interloqué.

Une mèche mouillée dégringolait sur son œil gauche. Il était touchant comme un gamin pris en faute. Elle rit et lui dégagea le front d'un geste délicat.

— Bobis, tu sais ce que cela signifie de se noyer ?

Comme il ne semblait rien comprendre et qu'il la fixait à moins de vingt centimètres avec des yeux écarquillés, la jeune femme lui empoigna les cheveux et plongea sa tête sous l'eau en l'y maintenant pendant quelques secondes. Lorsqu'il refit surface, il happa l'air avec avidité. Son visage exprimait une surprise douloureuse.

— Carole ? Noyer ? bredouilla-t-il entre deux quintes de toux.

Prise de remords, la jeune femme l'accompagna jusqu'à l'échelle et l'aida à se hisser hors de l'eau. Elle l'enveloppa d'une serviette de bain, car il frissonnait, moins au contact de l'eau dense qui glissait sur sa peau que sous le coup d'une frayeur rétrospective. Il s'abandonnait avec des petits gémissements de reconnaissance. Jamais Bob ne se laissait aller avec une telle confiance.

— Comme c'est dommage… murmura-t-elle.

La voiture téléguidée filait vers Windsor Bay. Carole avait accepté d'accompagner Bob sur le tournage. L'acteur avait sa tête des mauvais jours, et toutes les questions de la jeune femme se heurtaient à un mur de silence. À moitié couché sur la banquette, il regardait défiler le paysage, le front soucieux, les genoux agités de secousses nerveuses.

— Qu'est-ce qui ne va pas, Bob ? finit-elle par demander.

— Il y a qu'il est encore plus crétin que le précédent…

— Tu veux parler de Bobis ?

— Ne l'appelle pas comme ça, je t'en prie, explosa Janwitch.

— C'est pour cette raison que tu n'as pas voulu qu'il nous accompagne aujourd'hui ? Je me trompe peut-être ? Tu sais, Mac Gurlit va se poser des questions. En général tu n'arrêtes pas de parler du formatage de tes clones et tu les traînes partout avec toi.

Il se versa une tasse de café au minipercolateur du bar. Ses mains tremblaient légèrement.

— Si tu veux mon avis, Janwitch VII est informatable. La parole n'a rien arrangé, au contraire. Il a toujours son air de débarquer de la Lune.

— C'est qu'il est curieux et qu'il cherche à apprendre.

— Ce n'est pas ce que je lui demande. Tout ce que je veux, c'est qu'il copie mes attitudes. Il a moins de dons mimétiques qu'un chimpanzé !

— Tu es injuste, répliqua Carole. Je lui ai lu le scénario, je lui ai parlé de toi également. Il comprend, et son vocabulaire s'améliore. Tu es trop impatient avec lui et tu le traites comme un robot ménager. Il sait même utiliser ta console de jeux.

— Quoi, tu le laisses tripoter mon ordi ? tonna-t-il avec incrédulité en renversant à moitié son café.

— Où est le mal ? se défendit Carole, piquée au vif. Monsieur a ses nerfs, monsieur ne supporte pas le double doué de parole qu'il avait demandé… Je te signale que je fais ton boulot. Si tu veux que Bobis ait un soupçon de vraisemblance au moment de la noyade, il faut bien qu'il s'humanise un peu. Sinon, il va « jouer » comme un pied.

Carole répondait rarement sur ce ton. Janwitch la dévisagea avec surprise.

— Ne te fâche pas, bébé, dit-il d'une voix plus lisse, j'ai juste peur qu'il plante ma bécane…

— Pour ce que tu l'utilises !

L'incident était clos. Ils arrivaient à la sortie pour Windsor Bay. Janwitch prit le volant afin de piloter la voiture jusqu'au lieu du tournage.

Comme prévu, Mac Gurlit s'interrogea sur l'absence de la doublure.

— Vous le cachez ou quoi ? fit-il en fronçant les sourcils. La production a suffisamment râlé sur son prix pour qu'il mérite d'être un peu montré, et je vous signale qu'on tourne la scène demain.

— Carole s'occupe personnellement de son formatage, avança Janwitch avec un sourire désarmant. Ce sera le clone le plus criant de vérité que vous ayez jamais vu.

La journée se passa plutôt bien. Janwitch tourna la séquence où Rawling, le fermier offshore qu'il incarnait, affrontait un des responsables du puissant syndicat des aquaculteurs. Dans le feu de la discussion, il en venait aux mains et bousculait quelque peu la crapule qui le menaçait à mots couverts. De l'avis général, il fut très convaincant, ce qui eut le don de calmer ses aigreurs.

Le réalisateur n'était pas moins satisfait. Alors que les équipes de plongeurs mettaient la dernière touche au décor de la ferme qui dormait par vingt mètres de fond dans Windsor Bay, il entraîna le couple vers la console de simulation.

— La scène de la noyade sera couverte par huit caméras sous-marines. Aucune grimace de Janwitch VII essayant de happer la dernière bouffée d'oxygène ne leur échappera. Le spectateur suffoquera littéralement sur son siège. Pour rendre la scène encore plus crédible, j'ai introduit une petite modification dans la séquence précédente.

— Je n'aime pas les modifs… commença Bob, méfiant.

— Cette fois, vous vous y ferez mon vieux, l'interrompit Mac Gurlit d'un ton sans appel. La scène où Rawling se laisse surprendre par les hommes de main du syndicat se tournera dans l'eau. Vous vous débattrez comme un beau diable, avant d'être maîtrisé et enfermé dans la ferme sabotée. Après, ce sera à votre clone de jouer… si j'ose dire.

— Est-ce bien nécessaire ? demanda Janwitch dont la gorge se nouait. J'ai horreur de l'eau.

— Vous barboterez dans moins d'un mètre d'eau, ricana Mac Gurlit. Un peu de flotte ne peut pas faire peur à un aquaculteur de votre trempe !

Janwitch avait pris un air renfrogné.

— Pas de scène aquatique sans doublure, tels sont les termes du contrat, chicana-t-il.

— Cette petite trempette n'a rien d'une scène aquatique, s'exclama Mac Gurlit, qui contenait difficilement son agacement, ou alors je vous fais doubler, à vos frais, chaque fois que vous buvez un verre.

— On verra ça demain, dit le comédien.

Mac Gurlit avala sa salive.

— C'est génial de travailler avec vous, Janwitch, dit-il d'un air furibond en tournant les talons.

L'instant d'après, il prit Carole à part pour lui glisser quelques mots, entrecoupés d'éclats de voix.

Il avait tenu à prendre le volant pour rentrer à la villa. En automatique, on remarquait à peine qu'on roulait à plus de trois cents kilomètres à l'heure. La sensation était toute différente avec un pilote humain. Les manœuvres un peu brutales, les changements de régime du moteur donnaient une impression d'insécurité.

— Roule un peu moins vite, supplia Carole, recroquevillée dans son siège.

— Tu as peur du « dernier virage » ? railla-t-il en accélérant.

— Non, je sais que tu conduis bien, mais tu me retournes l'estomac avec ta conduite sportive.

— À chacun ses frousses. Moi c'est l'eau, comme tout le monde a pu le constater une nouvelle fois.

— N'en fais pas une maladie…

— Que t'a dit Mac Gurlit ?

— Oh, des choses sans importance et…

— Que-t'a-dit-Mac-Gur-lit ? vociféra-t-il en ponctuant chaque syllabe d'un coup de poing rageur sur le volant.

Le véhicule fit une embardée. Carole blêmit. Que faisait-elle dans la voiture de ce fou ? Elle se trouvait un peu jeune pour le grand saut.

— Calme-toi, Bob, dit-elle d'une voix rauque. Il s'inquiète simplement pour demain, tout comme toi, d'ailleurs. C'est normal, tout est normal…

Elle sentait bien qu'il ne se contenterait pas de paroles sucrées, aussi précisa-t-elle :

— Et… et il m'a dit de te rappeler de prendre…

— De l'Elsium 600 ?

— Comme tu le fais chaque fois que tu as le trac. Tous les acteurs…

— Je n'ai pas le trac ! rugit-il.

Elle s'en remit à la fatalité, et ferma les yeux pendant tout le restant du trajet.

Ils arrivèrent pourtant à destination sans encombre à la nuit tombante. De la lumière brillait dans le salon. Le clone les attendait, debout au milieu de la pièce, deux verres à la main.

— Carole… Bob… Boire ? fit-il en tendant les bras avec raideur.

Le moment de stupeur passé, Janwitch haussa les épaules et se rendit tout droit à la salle de bains, les mâchoires serrées.

— Moi, je veux bien, dit Carole d'une voix lasse en prenant le verre qu'on lui présentait. J'ai besoin de me remettre les idées en place…

Elle se laissa tomber dans un fauteuil. Le clone l'observait intensément, comme s'il cherchait à lire dans ses pensées. Sa pupille était étrangement sombre, ce que la jeune femme attribua à l'éclairage mural du salon. Il s'approcha lentement du fauteuil et Carole eut un petit réflexe de recul. Décidément, à cause des crises de son compagnon, elle avait les nerfs à fleur de peau.

— Bob… Trac de l'acteur ? articula laborieusement le double.

Elle sursauta, surprise, et se souvint qu'en parlant de Bob et de son métier elle avait fait allusion à ces crises de doute qui précédaient le tournage d'une scène délicate.

— En quelque sorte, répondit-elle. Et toi, Bobis ?

Elle s'en voulut aussitôt d'avoir retourné la question de la sorte. Cela frisait la cruauté de demander à quelqu'un qu'on allait noyer le lendemain s'il était un peu nerveux. Il s'approcha encore de quelques centimètres et lui posa délicatement la main sur l'épaule.

— Oui, Bobis aussi a le trac de l'acteur… énonça-t-il le plus clairement possible.

Cela dit, il prit congé comme son original et alla rejoindre sa chambre près du garage.

Carole resta un long moment immobile. Elle se versa un second gin, estima qu'elle tenait encore sur ses jambes et monta dans le bureau de Bob. L'ordi était toujours allumé et affichait *Star Bugs*, ce jeu pour les moins de six ans qu'elle avait expliqué au clone quinze jours auparavant.

Elle bascula dans un sous-menu de la mémoire. Elle voulait en avoir le cœur net. Une liste impressionnante se déroula sous ses yeux incrédules. Certes, Bobis avait joué de nombreuses fois à *Star Bugs*, mais il avait également consulté une encyclopédie au chapitre « clonage » et ouvert le volumineux dossier « cinéma », qu'il avait parcouru de long en large. Il avait déniché une méthode vocale d'apprentissage rapide de la langue parlée dont elle ignorait jusqu'à la présence dans la liste des applications. Figuraient également, dans la liste, des dictionnaires médicaux et un tableau de chimie pharmaceutique très spécialisé.

— Eh bien mon salaud, en quinze jours, tu n'as pas perdu ton temps, murmura-t-elle, estomaquée.

Son cœur battait très vite, et elle ne savait trop comment interpréter ce qu'elle venait de dénicher grâce à sa petite indiscrétion informatique. Bobis avait regardé essentiellement des images, des schémas, des formules. Les phrases avaient dû lui passer par-dessus la tête, mais il avait pourtant consulté les dossiers qui le concernaient. Bobis réfléchissait, Bobis voulait savoir et… Bobis « avait le trac » avant de se noyer.

Elle se releva d'un bond. La tête lui tournait. Elle courut dans l'escalier. Bob était déjà au lit, son masque antirides sur le front.

— Bob, le clone…

— Fiche-moi la paix avec Tarzan, veux-tu. Je me relaxe après cette journée éprouvante.

— Mais, Bobis a passé son après-midi…

— Oui, je sais : « Carole, Bob, boire ? » dit-il en imitant les inflexions hésitantes de son double.

Il fit glisser son masque et la contempla avec ironie :

— Apparemment, tu as accepté son invitation, tu ne tiens plus sur tes jambes. Méfie-toi du p'tit coup du clone !

Découragée, elle se laissa tomber sur le lit en gémissant :

— Oh Booob… Je ne sais pas ce que j'ai…

Il la serra contre lui avec un geste câlin.

— Moi si… mon chou… Je t'ai parlé un peu durement dans la voiture. Il faut me pardonner. Je me sens nerveux. Mac Gurlit a raison, va me chercher une pastille d'Elsium 600.

— J'y vais, dit-elle en se redressant d'un bond.

Elle ne se sentait pas bien du tout et titubait sur le chemin de la salle de bains. Elle ne trouva pas tout de suite le médicament dans l'armoire à pharmacie. C'était comme si un lutin malicieux avait mélangé toutes les boîtes. Elle finit tout de même par mettre la main sur l'Elsium 600, remplit un gobelet d'eau et y jeta la pastille rose. Elle hésita une seconde, puis en ajouta deux autres.

— Avec ça, il ne risquera pas d'avoir le trac demain, bredouilla-t-elle en se traînant vers la chambre à coucher.

Lorsque Janwitch ouvrit les yeux, au petit matin, il prit

d'abord conscience de la méchante migraine qui lui vrillait les tempes. La chambre était plongée dans une obscurité totale. C'était normal, il ne supportait pas le moindre soupçon de lumière dans la pièce où il dormait. Il se leva sans hésitation et se déplaça en aveugle en direction de la salle d'eau. Cet exercice lui était familier : il évitait d'allumer les lampes pour ne pas réveiller Carole quand une de ses fameuses insomnies le tirait hors du lit.

Son pied nu heurta un coin de meuble. Il étouffa un juron et tâtonna le long du mur pour trouver l'interrupteur. Rien n'était en place, ses doigts rencontraient une surface métallique là où normalement devait se trouver un lambris en bois de rose. Il avait perdu tout point de repère.

Satané mal de tête, songea-t-il. *Ça se présente bien pour le tournage !*

Sa main trouva une poignée. Il la tourna et, stupéfait, se retrouva dans le garage. Que faisait-il au sous-sol ? Il rebroussa chemin, enfila un peignoir et monta au premier étage. La serrure de sa chambre était verrouillée de l'intérieur. C'était un comble ! Il ne se souvenait pas de s'être disputé avec Carole avant de s'endormir. Il frappa des deux poings sur la porte. Chaque coup résonnait douloureusement dans son crâne.

Il y eut un mouvement. Un loquet fut repoussé et le visage endormi de Carole apparut dans l'entrebâillement.

— Eh bien Carole, qu'est-ce qui te prend ?

C'étaient clairement les paroles qu'il pensait prononcer en ouvrant la bouche. Au lieu de cela, il émit un misérable couac enroué, quelque chose comme « Ca… rol… le ! »

— Bobis ! Qu'est-ce qui ne va pas ? s'écria la jeune femme.

Elle se tourna en direction du lit.

— Bob, quelque chose ne tourne pas rond avec ton double, dit-elle d'un ton pressant.

— Mmmh ? Comment chérie ? grogna une voix pâteuse en retour.

Janwitch émit un grognement de bête et saisit l'épaule de la jeune femme d'un geste brusque pour l'écarter de son chemin. Elle poussa un cri de surprise.

— Il a… il a une crise, hoqueta-t-elle, les yeux dilatés par la frayeur.

Janwitch fit irruption dans la chambre à coucher. Il nota en un éclair le pyjama de soie que portait le clone et le masque anti-rides qui couvrait son front.

— Sa… laud… coassa-t-il en se ruant sur l'imposteur.

La riposte fut foudroyante, et il eut à peine le temps d'apercevoir le poing qui le cueillait au bas du menton. Tout bascula et il se retrouva par terre, à moitié inconscient.

— Mon Dieu, tu l'as assommé, fit la voix de Carole, lointaine.

— Je vais téléphoner au labo… fut la réponse.

Il se réveilla sur la table de la cuisine. Des sangles maintenaient ses bras prisonniers. Un homme au regard doux derrière ses lunettes d'un autre âge se penchait sur lui avec des gestes attentionnés.

— Guyot, du service de maintenance. Restez calme, Janwitch VII, on va vous arranger ça…

— Pas Janwitch VII, Bob… moi Bob, éructa-t-il dans un flot de salive.

— Tarzan nous remet ça ! fit une voix ironique derrière lui.

Carole intervint :

— Hier soir, Bobis m'a avoué qu'il avait le trac. Vous vous rendez compte ! Il a peur de ce qui l'attend sur le plateau de tournage… J'ai essayé de te le dire, chéri, mais…

— Arrête de pleurnicher, Carole. Docteur Guyot, il est clair que Janwitch VII a des problèmes. J'irai même jusqu'à préciser que ce sont VOS problèmes. Le tournage débute dans moins de deux heures. Des sommes colossales sont engagées sur ce coup, et ce clone, prétendument amélioré par vos laboratoires, n'est pas étranger au gonflement du budget. Suis-je clair ?

— Parfaitement clair, monsieur Janwitch…

— Dans ce cas, ma question est la suivante : Est-ce que votre modèle sera opérationnel dans la matinée ?

— Je le pense, monsieur Janwitch, lui fut-il répondu d'un ton assuré.

Devant cette promesse, le ton de l'acteur se fit moins désagréable :

— Je ne suis pas un spécialiste, docteur Guyot, mais lorsque j'ai le trac, comme on dit dans mon métier, je prends de l'Elsium 600.

— Elsium 600 ? Excellent, en vérité, mais il faut bien doser les prises. Nous ne risquerons rien à l'administrer à Janwitch VII en plus de nos réglages neuro-chimiques de base, dit Guyot en brandissant une longue seringue. Il est certain que l'activation du centre de la parole, comme vous l'aviez souhaité monsieur Janwitch, a rendu ce modèle expérimental plus fragile que les précédents… Mais rassurez-vous, après nos ajustements, il sera prêt à fonctionner à l'heure dite.

— Pas Bobis… pas Bobis… pas Bobis, sanglotait le corps attaché sur la table.

— Et puisque vous y êtes, inhibez-moi complètement la zone du langage chez ce clone. Pour ce qu'il a à dire…

Assis au bord de la piscine en compagnie de Carole, « Janwitch » effleurait la surface limpide du bout de ses orteils.

— Tiens, chérie, ce titre n'est pas mal non plus, dit-il en lui présentant l'écran du com.

— *Touché, pas coulé !* Par le fond *pulvérise les records du box-office,* déchiffra-t-elle en se serrant contre lui.

Depuis la fin du tournage, ils filaient le parfait amour tous les deux. Malgré le succès retentissant du film, Bob semblait oublier ses habituelles crises de mégalomanie et multipliait les prévenances à l'égard de sa compagne. Il la laissa pianoter les touches du com tout en jouant avec une de ses mèches blondes.

— Une fois de plus, la SPC ne te loupe pas, gloussa la jeune femme. Juge plutôt : *L'imposture…*

Il tressaillit et consulta vivement l'écran.

— *Le clone se surpasse dans la scène de la noyade…* acheva-t-il à voix haute.

Pensif, il se laissa aller sur le dos, face au soleil :

— La SPC a raison. Il est certain que Janwitch VII a bien joué son rôle… C'était un excellent comédien…

Le Fantôme de la tour Aiguille

Ange

Anne (33 ans) et Gérard (36 ans) sont un couple d'auteurs, mariés à la ville comme à la plume. Ils ont toujours rêvé de raconter des histoires, encore des histoires, toujours des histoires. Sous n'importe quelle forme : scénarios de bandes dessinées, extensions de jeux de rôles, romans. Élevés à la science-fiction et à la fantasy, *ils sont amoureux de tous les univers imaginaires.*

En 1990, sous la signature Ange (pseudonyme fabriqué à partir des deux premières lettres de leurs prénoms), ils publient leur première bande dessinée. Ces dernières années, ils ont collaboré avec Alberto Varanda, pour La Geste des Chevaliers Dragons *et* Bloodline *(Vents d'Ouest), avec Alain Janolle, pour* Némésis *(Soleil), ou avec Sébastien Goethals, pour* Tower *(Vents d'Ouest).*

Grands amateurs de jeux de rôles, ils ont été les cofondateurs d'Halloween Concept et, sous le pseudonyme G.E. Ranne (construit aussi à partir de leurs prénoms), ils ont créé et/ou développé de 1990 à 1995 plusieurs grands succès du jeu de rôles : In Nomine Satanis/Magna Veritas *(traduit aux États-Unis),* Bloodlust, Scales *et* Légendes des contrées oubliées.

En 1996, toujours sous le pseudonyme G.E. Ranne, ils se lancent dans le roman avec Un regard vertical *(novélisation de leur jeu de rôle* Scales*), puis écrivent quatre titres pour la collection SF Polar du Fleuve Noir, dont* Dans la mâchoire du dragon.

Ils sont aussi traducteurs, mais sous d'autres pseudonymes encore.

Écrire pour la jeunesse est, pour eux, une nouvelle aventure. En même temps que Le Fantôme de la tour Aiguille, *nouvelle aux accents de conte de fées, sort dans la collection Autres Mondes* L'Œil des dieux, *un roman qui n'a rien... d'angélique !*

Dans le système international, le mot grec *nano* est utilisé comme préfixe : il divise par 10^9 l'unité dont il précède le nom. Ainsi, 1 nanomètre est égal à 0,000 000 001 mètre (soit 1 milliardième de mètre).

On appelle nanotechnologies toutes ces technologies qui permettent de manipuler les objets à l'échelle du nanomètre. Les nanorobots sont donc des robots extrêmement petits, de la taille de quelques atomes. Les applications envisagées actuellement dans les laboratoires sont essentiellement biomédicales, mais on peut imaginer que, dans le futur, ils « travailleront » en équipe et développeront une « intelligence collective », un peu comme une colonie de fourmis.

Il était une fois un petit garçon et son père qui vivaient dans une très grande cité.

La cité était si étendue que, longtemps, bien longtemps auparavant, elle avait été divisée en quartiers, qui avaient pris leur indépendance. Chaque quartier avait voté pour sa forme de gouvernement. Ainsi certains étaient-ils devenus des républiques, d'autres des principautés, d'autres des empires… Parfois, les monarques étaient cruels, parfois ils étaient bons. Parfois, comme les humains, ils étaient entre les deux, et hésitaient entre le bien et le mal, entre deux lois, entre deux destins.

Le quartier où vivait le petit garçon était prospère. Pour le protéger des ouragans, fréquents dans la région, il était recouvert d'un champ de forces, et un climat artificiel régnait à l'intérieur. Les ponts et les routes de béton noir et argent s'entrelaçaient dans les airs tels des rubans, et les gratte-ciel s'élevaient vers le firmament telles des lames étincelantes.

Et parmi eux, nul n'était plus haut, plus brillant, plus élégant que la tour Aiguille, avec sa façade bleu et doré comme une tapisserie précieuse. L'Aiguille —comme l'appelaient simplement les habitants— protégeait le centre de contrôle du quartier, l'endroit d'où, en manipulant quelques manettes, en tapant quelques codes, on pouvait faire souffler le vent ou tomber la pluie, obscurcir ou supprimer le champ de forces.

Au pied de l'Aiguille et des autres gratte-ciel, dans les rues aux nombreuses boutiques, se hâtaient les foules pressées, les familles souriantes, les parents serrant des paquets dans leurs bras, les enfants courant vers l'école.

Oui, c'était un quartier agréable, mais il avait un défaut…

Il était plongé dans une éternelle nuit.

Le jour de son élection, quinze ans auparavant, le maire-roi était un jeune savant plein de promesses, aux yeux constellés d'éclats de soleil. Il avait mené ses deux carrières, celle de scientifique et celle de maire, avec talent et énergie. Grâce à lui, le quartier marchait aux *kaninas*.

Les kaninas étaient le nom que les habitants, puis les journalistes, puis tout le monde, avait donné aux nanorobots, qui avaient pris tant d'importance dans la vie quotidienne du quartier. Ces minuscules machines devenaient ce qu'on leur demandait… des éboueurs, des chirurgiens, des agriculteurs ou des ouvriers. Par exemple, il suffisait de commander un plat et les kaninas des cuisines allaient chercher les matières premières, préparaient les aliments et les faisaient cuire. Les kaninas entraient dans les veines des malades pour les déboucher, les réparer. Les kaninas réagissaient aux changements climatiques et géraient la puissance du champ de forces. Les kaninas permettaient aux habitants d'avoir une vie plus facile, et beaucoup de leurs applications avaient été découvertes grâce au génie scientifique du maire-roi et à sa passion pour les habitants de son quartier.

Puis, un jour fatal, trois ans auparavant, Maria, la femme du maire-roi, avait été tuée dans un terrible accident. Alors les éclats de soleil s'étaient éteints dans les yeux du scientifique. Il était monté dans le centre de contrôle, tout en haut de l'Aiguille, et il avait placé l'interrupteur sur « nuit ».

Toutes les exhortations, les supplications, les démonstrations de ses administrés n'avaient rien pu y faire. Le maire-roi s'était claquemuré chez lui et avait refusé de changer quoi que ce soit. Et comme on ne pouvait accéder au centre de contrôle que par l'Aiguille, et à l'Aiguille que par l'ascenseur qui donnait dans l'appartement du maire, dissimulé dans les sous-sols du quartier…

Ce n'était pas une catastrophe. Le quartier du petit garçon avait continué à tourner, l'économie à marcher, les enfants à se lever, à aller à l'école, à faire leurs devoirs et à se coucher. Simplement, le soleil artificiel ne se levait plus, car le maire-roi en avait décidé ainsi, et le maire-roi, malgré toute son intelligence, pouvait parfois se montrer extrêmement borné.

Le petit garçon le connaissait bien.

C'était son père.

Un soir, après une journée sombre et glacée passée dans l'immense appartement souterrain, le petit garçon décida de sortir, seul, dans les rues du niveau zéro pour se réchauffer l'âme à la lumière de son restaurant préféré. À onze ans, il n'avait pas le droit de se promener seul, mais qui allait l'en empêcher ? Depuis la mort de sa mère, quinze aides maternelles s'étaient succédé… Son père les avait toutes renvoyées. Le maire-roi passait maintenant vingt-quatre heures sur vingt-quatre dans son laboratoire. Il laissait son fils seul, à regarder les hologrammes danser dans le gigantesque salon gris.

Donc, ce soir-là, le petit garçon prit l'ascenseur secondaire, pas celui qui menait en haut de l'Aiguille, celui qui menait de l'appartement souterrain de son père aux rues du quartier. Il marcha sur les trottoirs, humant l'air frais de la soirée ; seule l'heure indiquait que c'était le soir, bien sûr, puisque le ciel restait à toute heure d'un bleu profond et sombre piqué d'étoiles rieuses.

Les rues, elles aussi, étaient illuminées par des étoiles, des étoiles plus urbaines : celles des néons, des lumières des boutiques, des kaninas fluorescentes qui volaient dans l'air, suivant les passants pour éclairer leurs pas. Le petit garçon marcha jusqu'à une place où un panneau affichait les informations du jour.

Mardi 5 avril 2085
Température intérieure : 19 °C
Trafic fluide
Ascenseurs libres

Ignorant les fast-foods vert et rouge où des groupes de touristes bruyants chantaient des refrains à la mode avec les hologrammes de service, le petit garçon entra dans un minuscule restaurant enfumé. La salle, chaleureuse, était presque vide.

S'installant au bar, le petit garçon attendit que Sam, le gérant-cuisinier-serveur-videur de l'endroit, fasse son apparition.

— Salut, Yashi, dit Sam au petit garçon. Comme d'habitude ? Un hot-dog et un coca ?

— Ouais, dit Yashi d'un air sombre. Si c'est toi qui le fais cuire. Sur l'halogène, à l'ancienne. Je ne veux pas qu'une kanina touche ma nourriture, de près ou de loin. C'est compris ?

— Compris, soupira Sam. Tu as de la chance que j'ai encore ce vieil halo, tu sais. Dans les autres restaurants, tu ne pourrais pas échapper aux kaninas.

— Pourquoi tu crois que je viens ici ? dit Yashi, qui ne se sentait pas d'humeur à être aimable.

Sam se retourna pour faire griller le hot-dog, dissimulant un sourire. Si Yashi venait ici, ce n'était pas pour l'halo, mais pour la conversation, Sam le savait. Le petit garçon était très seul, et son cœur très triste. Parler avec Sam lui faisait du bien.

— Pourquoi détestes-tu les kaninas ? demanda Sam. La technologie peut être très utile, tu sais. Demande à tous les types à qui les kaninas ont débouché une veine du cerveau... Moi, sans les kaninas à la cuisine, je ne réussirais pas à tenir ce restaurant tout seul.

— Je hais la technologie, dit Yashi. On croit qu'elle est utile, alors qu'elle ne fait que voler les gens.

— Voler les gens ? répéta Sam, étonné.

L'enfant ne répondit pas. Il se contenta de regarder les bulles monter dans son coca, arriver à la surface et éclater, comme des petits espoirs perdus.

— La technologie n'a pas d'âme, déclara-t-il enfin, et on sentait la douleur cogner contre sa gorge, contre ses lèvres, comme si quelque chose voulait sortir mais ne le pouvait pas.

— La technologie a l'âme qu'on lui donne, dit simplement Sam avant de se remettre à nettoyer le bar en silence.

Quand Yashi rentra chez lui, une heure plus tard, son père l'attendait dans le salon, un étrange feu brillant dans son regard. Une idée obsédait tant le maire-roi qu'il ne s'étonna même pas de voir rentrer Yashi seul à cette heure.

Le garçon s'arrêta sur le seuil de la pièce et regarda son père arpenter la moquette grise, soulignant chaque phrase d'un geste bref de main droite.

— … le projet est en cours, expliqua-t-il, comme si Yashi était arrivé au milieu d'une phrase. Je vais être très occupé mais, si je réussis, ton avenir est assuré… (Il se tourna enfin vers Yashi.) Les kaninas… Personne ne me croit, mais je vais leur montrer… Tu comprends ?

Non, Yashi ne comprenait pas, et il n'en avait nulle envie. Il resta là, debout, le cœur plein de haine, à fixer son père. Celui-ci s'arrêta, étonné. L'expression de son fils était si intense qu'un instant le maire-roi émergea de son brouillard mental et regarda Yashi, le regarda pour de vrai, sans avoir une autre idée en tête, sans que les chiffres de ses équations de laboratoire fassent barrière entre lui et la réalité.

Cela ne dura que quelques secondes… Le feu de la haine

dans les yeux de Yashi, l'inquiétude dans ceux de son père…

Puis les pupilles du maire-roi se brouillèrent de nouveau.

— Tu es trop jeune, c'est normal que tu ne t'intéresses pas à tout ça. Plus tard, tu verras, plus tard…

Il quitta le salon pour replonger dans les profondeurs de son laboratoire.

Cette nuit-là, Yashi vit pour la première fois le fantôme.

Le garçon dormait dans son lit nacré en forme de coquillage, conçu des années auparavant par son père quand celui-ci prêtait encore attention à sa famille. Soudain, dans son sommeil, il enregistra un bruit au fond de la chambre.

Yashi ouvrit les yeux et vit sa mère.

Oui, c'était bien elle… sa mère, debout, ses cheveux longs et roux coulant sur ses épaules comme un liquide ambré. Elle était vêtue de la longue blouse blanche qu'elle portait quand elle venait donner à son fils le baiser du soir avant de retourner, en bas, aider son père au labo.

Immobile, elle regardait Yashi avec une infinie tendresse, un amour que le garçon n'avait pas connu depuis bien, bien longtemps.

Yashi resta un long moment figé sous son drap. Rêvait-il ? Non, ses yeux étaient bien ouverts, et il entendait le ronronnement habituel de l'appartement.

— Maman ? souffla-t-il enfin, la voix rauque d'émotion.

Repoussant le drap, il se leva et s'approcha. Le fantôme ne lui faisait pas peur, il y avait trop d'amour dans son regard. Mais il ne voulait pas que l'image de sa mère disparaisse, aussi avança-t-il avec prudence, attendant de longues secondes entre deux pas.

Soudain, la silhouette féminine se détourna en faisant voler ses cheveux roux. Elle se dirigea vers la porte, désigna de sa main le sol et fixa Yashi de ses yeux gris, comme si elle voulait lui montrer quelque chose.

Yashi se hâta de la rejoindre. Le fantôme montra de nouveau le sol, puis s'évanouit en un nuage argenté qui laissa sur la joue de l'enfant comme la fraîcheur d'un baiser.

Le petit garçon resta immobile de longues minutes avant de s'agenouiller à l'endroit précis désigné par le fantôme. Tout autre que Yashi n'aurait vu là qu'un carré de moquette, moitié gris, moitié orange, comme tous ceux qui recouvraient le sol de la chambre... L'enfant, lui, savait. Les onze années que comptait sa courte vie, il les avaient passées ici, dans cet appartement dont il connaissait chaque recoin, chaque secret.

Oui, il savait que sous sa chambre, au niveau inférieur, se trouvait la zone sud du laboratoire de son père, et, à l'endroit exact désigné par le fantôme, l'appareil qui, en explosant, avait tué sa mère. Une idée horrible lui perça l'âme comme une vrille.

— Qu'est-ce que tu ferais, toi, si ton père avait assassiné ta mère ? demanda Yashi à Sam le lendemain soir.

Sam arrêta de faire reluire la machine à café et se retourna pour étudier le garçon accoudé au bar. Le visage de Yashi était sombre et fermé. Sam ne l'avait jamais vu gai, mais, ce jour-là, une aura de désespoir émanait de l'enfant.

Que voulez-vous répondre à une question pareille ? pensa Sam.

— Je n'apprécierais guère, déclara-t-il enfin, posant le ketchup sur la table.

— Et ensuite ? Après ça ?

— Eh bien, je suppose que je dénoncerais mon père à la police, dit Sam. Mais d'abord, il faudrait que je sois sûr de mon fait… Une certitude absolue, sans l'ombre d'un doute. Enfin, mon pauvre Yashi, sache que dans mon cas, le problème ne se pose pas. Ma mère, Dieu ait son âme, faisait trente bons kilos de plus que papa. C'est plutôt elle qui l'aurait occis.

Yashi rentra chez lui environné d'ombres et de doutes. Il n'avait pas de certitude, mais toujours en tête cette pensée affreuse et glacée.

C'est stupide, se dit-il en marchant dans la rue, son cœur gelé un peu réchauffé par la vision de la vie grouillante autour de lui, celle des passants pressés et souriants, des vendeurs des stands ambulants grillant des brochettes et des petits pains ronds, faisant frire des beignets et mousser du thé sucré à la cardamome. Comment pouvait-on rêver d'assassinat alors que le thé embaumait ?

Mais le fantôme revint cette nuit-là, et la nuit d'après. Son visage était toujours tendre, et ses yeux pleins d'amour criaient un message. La deuxième fois, Yashi suivit la silhouette de sa mère jusqu'au couloir, puis dans la cage d'escalier. Les marches conduisaient, comme Yashi le craignait, à la partie sud du laboratoire.

Alors le fantôme s'évapora de nouveau et Yashi resta de longues minutes assis par terre sur le revêtement de plastique zébré.

Le lendemain, à l'heure du déjeuner, le père de Yashi monta dans la cuisine. C'était plus qu'inhabituel ; il devait y avoir au moins deux ans qu'il n'était pas venu partager un repas avec son fils. Yashi, qui se préparait un sandwich dans la cuisine, sursauta en entendant son pas, puis se figea en voyant son visage

Le maire-roi était livide. De grands cernes violets marquaient ses yeux et ses mains tremblaient.

Il commença à parler en fixant Yashi, le regard hanté.

— Ça ne marche pas. Je veux que les kaninas répondent à nos pensées. Je les ai branchées sur tes ondes cérébrales, sur les miennes, mais ça ne marche pas. J'ai relié le système de fonctionnement du quartier à mon cerveau, et quand elles me répondront, tout sera là, tu vois ? (Il se cogna le front, comme un homme frappé de démence.) Tout sera là et je pourrais réagir plus vite, en cas de problème climatique, par exemple. Quand la tempête a frappé le quartier, il y a six mois, le temps d'accéder aux contrôles et de monter dans l'Aiguille, le champ de forces avait déjà lâché. Le haut d'une tour s'est écroulé ; il y a eu cinquante morts. Quand elles me répondront… Quand elles entendront mes ordres mentaux… Les secours d'urgence ne seront plus retardés par des embouteillages, car elles libéreront les couloirs aériens… (Il prit une profonde inspiration.) Mais ça ne marche pas, et je ne comprends pas pourquoi…

Il est fou, pensa Yashi. *Mon père est complètement fou.*

— Papa, comment maman est-elle morte ?

La question était sortie d'instinct, sans que Yashi réfléchisse. Son père se figea.

— Quoi ?

— Comment maman est-elle morte ? répéta le garçon, la voix glaciale.

— Maria… Il y a eu un accident… Une explosion. Oui, c'est ça. Une explosion, dit son père en détournant les yeux.

Yashi eut l'impression que son cœur s'arrêtait, s'arrêtait pour de bon, comme un mécanisme délicat privé d'énergie. Comment douter ? Comment ne pas voir la lueur de panique dans le regard de son père, ou l'éclair de culpabilité qui avait suivi ?

C'est donc vrai, pensa-t-il, et toutes les nuits du quartier se condensèrent en une vague sombre qui le submergea pour l'étouffer.

Le soir, quand le fantôme de sa mère réapparut, Yashi se leva aussitôt pour le suivre. Marchant en silence, entourée d'un bourdonnement mélodieux presque inaudible, la silhouette féminine descendit l'escalier. Le petit garçon la suivait à quelques pas. Elle s'arrêta devant la porte du bas, puis regarda Yashi, comme si elle voulait qu'il passe devant elle, qu'il entre dans le labo.

Le petit garçon descendit les marches lentement, une à une, une terreur inexpliquée lui serrant la gorge. Le fantôme de sa mère suivait chacun de ses pas.

Soudain Yashi sursauta. Une voix grave s'élevait derrière la porte… La voix du maire-roi énonçant une série de nombres, sans doute pour les graver dans l'enregistreur intégré à sa gorge. Épouvanté, persuadé qu'une chose effroyable allait lui arriver s'il était découvert, Yashi remonta les marches de l'escalier quatre à quatre, le désespoir l'étreignant si fort qu'il avait du mal à retenir ses larmes.

Il ne vit pas le fantôme détourner la tête avec tristesse, puis s'évaporer dans un nuage argenté.

Le lendemain, Yashi chercha et imprima les articles et les documents administratifs liés à la mort de sa mère. Tous concluaient à l'accident, mais Yashi n'était pas convaincu. Les articles racontaient qu'une explosion avait eu lieu dans le laboratoire, et que l'épouse du maire-roi, gravement blessée, avait été écrasée sous une lourde plaque de métal. Son mari avait essayé de la dégager avec la hache de secours, mais il n'avait pas réussi, et les services d'urgence, retardés par les embouteillages de la circulation aérienne, étaient arrivés trop tard.

Tous les efforts pour ranimer la jeune femme avaient été vains.

— Une explosion... maugréa Yashi en laissant tomber les articles sur son lit. Ça ne veut rien dire ! Ils l'ont faite, leur enquête, ou quoi ?

Hélas, il connaissait la vérité. Non, les autorités n'avaient pas fait de véritable enquête... Du moins pas avec autant de zèle que si la mère de Yashi avait été l'épouse d'un citoyen normal.

Mais elle ne l'était pas. Elle était l'épouse du maire-roi, élu à vie, contre qui nulle faute, nulle erreur, nul crime ne pouvait être retenu.

Au déjeuner, le lendemain, le père de Yashi monta de nouveau dans la cuisine. Cette fois, Yashi fut moins surpris. Il but son milk-shake lentement, écoutant d'une oreille distraite le discours de son père.

— J'ai tout dans la tête, expliqua celui-ci, le même feu dévorant dans son regard. Tous les circuits, tous les systèmes. Elles devraient répondre.

Pourquoi me regarde-t-il comme si mon opinion était importante ? se demanda Yashi. *On dirait vraiment qu'il essaye de me convaincre. Depuis quand ce que je pense compte-t-il pour lui ? Il ne me parlait jamais, auparavant. Est-ce qu'il se sent coupable ?*

Un instant, une infime fraction de seconde, Yashi eut honte. Comment en était-il venu là ? À soupçonner son père parce que celui-ci lui parlait ?

— Je ne comprends pas, reprit le maire-roi en regardant Yashi comme s'il espérait que son fils lui donne les réponses. Les kaninas devraient répondre, elles devraient capter mes ondes cérébrales et…

— Tu l'as tuée ? demanda Yashi d'une voix aussi neutre et froide que sa boisson.

Le silence s'abattit dans la cuisine. Le père de Yashi hoqueta, puis dévisagea son fils, livide.

Il y eut un long silence.

Yashi s'attendait à ce que son père lui demande de qui il parlait, mais la question ne vint pas.

— Oui, dit le maire-roi soudain, la voix rauque. Oui, je l'ai tuée.

Ce soir-là, Yashi attendit le fantôme, ses yeux grands ouverts fixant le plafond. Quand il entendit les pas de celui-ci glisser sur la moquette, il se leva, sans se demander comment un fantôme pouvait faire du bruit en glissant, sans s'interroger sur l'étrangeté de ces apparitions… Mais pardonnez à Yashi, est-ce qu'on raisonne quand on a onze ans et que son père vient d'avouer un horrible meurtre ?

Ensemble ils descendirent l'escalier, l'enfant et sa mère, l'humain et le spectre, le réel et le souvenir.

De nouveau, la mère de Yashi s'arrêta devant la porte du laboratoire ; cette fois l'enfant continua son chemin. Il ouvrit la porte et entra. La pièce était déserte, l'éclairage stérilisateur donnait à l'endroit une atmosphère verdâtre suggérant mort et trahison. Yashi se dirigea droit vers l'endroit où, d'après les articles, sa mère avait trouvé la mort.

Il fouilla… vidant les tiroirs, jetant les instruments à terre, cherchant une preuve du forfait. Les éprouvettes cassèrent dans un bruit d'espoirs brisés, et Yashi sentit les larmes lui couler sur les joues ; il aurait soudain voulu que Sam soit là, à ses côtés, pour le raisonner et lui dire d'arrêter, mais Sam n'était pas là, bien sûr, et quand Yashi se retourna, il découvrit son père qui se tenait sur le pas de la porte du laboratoire, attiré par le bruit.

— Yashi… Mais que fais-tu ? souffla le maire-roi, ébahi.

— Tu l'as tuée ! cria le garçon, tremblant de haine.

— Quoi ? Yashi, enfin, arrête…

Le regard du père se posa sur le spectre. Ses yeux s'agrandirent de stupeur.

— Maria… Sa voix était rauque et tremblante. Il répéta, comme s'il n'y croyait pas… *Maria* !

— *Tu la vois ?* cria Yashi, épouvanté. *Tu la vois !* répéta-t-il, comme si c'était la dernière preuve qu'il attendait. Ma mère hante son meurtrier !

— Yashi ! Qu'est-ce que tu racontes ?

— Tu l'as assassinée ! cria Yashi. Tu l'as dit !

L'enfant se retourna, désespéré… Ses yeux se posèrent alors sur la hache de secours, accrochée à côté de l'extincteur, la hache mentionnée dans l'article, la hache avec laquelle son père n'avait soi-disant pas pu sauver sa mère… *À moins que ce ne soit avec cette hache qu'il l'a tuée,* pensa-t-il, parce que tout s'embrouillait dans sa tête, l'explosion et le meurtre. Courant vers le mur, il arracha la hache et frappa le moniteur de l'ordinateur le plus proche. Puis il s'attaqua au suivant, et encore au suivant, détruisant les écrans et les fragiles circuits, les éprouvettes, les vitrines et les échantillons. Son père courut vers lui pour l'arrêter, alors Yashi courut lui aussi, mais dans l'autre direction, traversant le laboratoire pour arriver devant la porte qui donnait dans le sous-sol de l'Aiguille.

Un coup de hache sur les contrôles et la porte s'ouvrit. Derrière se trouvaient l'ascenseur et le monte-charge.

Yashi se jeta dans l'ascenseur et appuya sur le bouton du haut : SDQ, système du quartier. Il eut juste le temps de voir le visage horrifié de son père avant que les portes ne se referment.

Le trajet ne dura que quelques secondes. Les portes se rouvrirent et Yashi se retrouva dans la salle circulaire du SDQ. L'endroit était entièrement transparent, même les panneaux de contrôle étaient translucides. C'était le père de Yashi qui les avaient conçus, bien sûr, des années auparavant, travaillant nuit et jour, ignorant sa famille.

Un nouveau matériau étincelant, subtil… *fragile.*

Yashi leva la hache.

Un premier coup détruisit le panneau de contrôle de la circulation et, dans le quartier, toutes les flèches holographiques s'éteignirent. Un deuxième coup frappa le panneau de l'éclairage public, et les lumières de la zone ouest disparurent une à une.

Yashi se rapprocha des contrôles du champ de forces…

— Non ! cria son père, qui venait de sortir du monte-charge. Non ! répéta-t-il en voyant Yashi abattre son arme.

Le tableau explosa dans un bruit cristallin et, quelque part dans les sous-sols, les quatre générateurs du champ de forces se turent.

Le vent s'engouffra dans le quartier telle une tornade.

— NON !

Le père de Yashi courut vers le panneau, imaginant la destruction créée par la tornade, quand soudain… soudain les quatre générateurs renaquirent à la vie.

Il n'avait pourtant rien touché.

Mon Dieu… Ça y est, pensa le maire-roi.

Enfin, les kaninas répondaient à ses pensées. Il les sentait évoluer, il pouvait les contrôler sans passer par les ordinateurs, les claviers et les boutons. D'une impulsion mentale, le maire-roi ralluma la zone ouest, rétablit la circulation.

Mais Yashi frappait, encore et encore, d'autres systèmes de contrôle également liés au champ de forces, et son père avait du mal à suivre. Le champ clignota ; le vent s'engouffra autour de l'Aiguille, faisant trembler la tour et frissonner les vitres, qui n'étaient pas prévues pour une telle tension.

— Arrête, Yashi ! cria le maire-roi, essayant de couvrir le bruit de l'air hurlant. Je n'ai pas assassiné ta mère ! (Le garçon se tourna vers lui, l'arme à la main, le regard fou.) Nous travaillions tellement... ajouta-t-il, un sanglot dans la voix. Maria aurait voulu que nous nous arrêtions, que nous prenions des vacances... mais je repoussais toujours la date, et elle était si fatiguée... Elle a fait une terrible erreur... L'explosion a suivi...

Yashi et son père échangèrent un long regard. Autour de la tour, le vent baissa. Mentalement, le maire-roi réparait ce que son fils avait détruit, réglait la puissance, rétablissait l'équilibre.

— Ce genre d'accident n'arrivera plus, ajouta-t-il doucement. (Il porta la main à son front.) J'y ai consacré ma vie, et ça y est, j'ai enfin réussi. Les kaninas répondent aux ondes mentales. Les secours ne seront plus en retard... Les urgences seront mieux traitées... Des morts telles que celle de ta mère n'arriveront plus, je te le promets...

— Je ne te crois pas, dit Yashi d'une voix de glace.

Et d'un coup de hache, il brisa la paroi transparente qui le séparait du vide.

Avec un cri d'horreur, le père se jeta en avant, saisissant la main de Yashi juste avant que la dépression ne le happe, ne précipite son petit corps de onze ans dans l'abîme. Yashi gémit de peur ; son père le tira vers lui, de toutes ses forces, pour le faire revenir à l'intérieur. Yashi était sauvé... mais un tremblement plus fort encore fit frissonner le gratte-ciel et ce fut au tour du maire-roi de glisser, de glisser et, malgré les cris de son fils, il passa par la brèche, ne se rattrapant que d'une main à un morceau de la paroi transparente.

— Papa ! cria Yashi, des sanglots dans la voix car la peur de mourir l'avait sorti de son délire.

Son père, accroché par une seule main, pendait dans le vide.

Yashi tenta de lui venir en aide, sans succès. Trop petit, il n'avait pas la force de lutter contre le vent. La paroi à laquelle se retenait son père allait bientôt casser.

— *Elles* m'entendent, maintenant, souffla le maire-roi, alors qu'il se balançait au-dessus de son quartier, son esprit revenant sur les kaninas. Elles m'entendent…

— Nous t'avons toujours entendu, dit une voix douce à son oreille.

Le « fantôme » de Maria flottait derrière le maire-roi, dans le vide… mais il était tangible, réel. Des bras féminins le soulevèrent, le transportèrent à l'intérieur, en sécurité, près de son fils. Yashi le serra dans ses bras, et le père et le fils restèrent là, immobiles, à pleurer doucement.

— Vous aviez réussi dès le premier instant, maire, fit la voix tendre du « fantôme » de Maria, qui se tenait debout près d'eux. Nous, les kaninas, nous avions capté vos ondes cérébrales et celles de Yashi… Nous avons répondu à vos désirs, nous avons lu dans vos rêves… Nous avons tenté de lui dire de descendre vous voir, de se rapprocher de vous, mais il n'a pas compris…

— Alors… Vous n'êtes pas ma mère, hoqueta Yashi, secoué par les sanglots. Vous n'existez pas vraiment… Vous n'avez pas d'âme…

— J'ai l'âme que tu m'as donnée, mon fils, souffla Maria. (Elle se pencha vers le maire-roi et lui baisa doucement le front.) Je te pardonne, mon mari, ajouta-t-elle.

Puis les milliards de nanorobots qui la composaient s'évanouirent dans les airs et disparurent pour toujours dans des volutes de brouillard argenté.

En bas, dans la rue, Sam s'immobilisa, posa avec précaution la lourde caisse de conserves destinées à la cuisine et, se protégeant les yeux d'un geste presque oublié, il tourna son regard vers le ciel pour voir enfin se lever le soleil.

L'Oasis

Joëlle Wintrebert

Il est difficile de faire entrer Joëlle Wintrebert dans une seule « boîte » tant elle a touché avec talent à de multiples domaines : auteur, critique, anthologiste, scénariste... Après des études supérieures de lettres et de cinéma, elle se tourne d'abord vers l'audiovisuel. Puis le journalisme l'accapare et elle devient, entre autres, rédactrice en chef de la revue Horizons du fantastique *en 1975. En 1980, elle publie son premier roman,* Les Olympiades truquées *(Orion, rééd. 1999), et obtient le prix Rosny Aîné pour sa nouvelle* la Créode.

*L'année suivante, elle décide de se consacrer à l'écriture. Elle alterne romans de SF pour adultes (*Les Maîtres-Feu, *J'ai lu, 1983 ;* Chromoville, *J'ai lu, 1984 ;* Le Créateur chimérique, *Grand Prix de la SF Française, J'ai lu, 1989) et pour la jeunesse (*L'Océanide, *Flammarion, coll. Castor Poche, rééd. 1998 ;* Les Ouraniens de brume, *Nathan, coll. Pleine Lune, 1996), mais écrit aussi des romans historiques pour la jeunesse (*Comme un feu de sarments, *réédité en 1998 au Livre de Poche Jeunesse sous le titre* Le Vin de la colère *;* Les Diables blancs, *Gallimard, 1993 ;* La Colonie perdue, *Seuil, 1998) et un polar scientifique sur les OGM pour la série Quark noir (*Lentement s'empoisonnent, *Flammarion, 1999), qui l'inspirera pour la nouvelle ci-après,* L'Oasis.

Suite à son passage comme anthologiste de la revue-livre Univers, *l'écrivain Roland Wagner lui a affectueusement décerné le titre de « miss Univers », une distinction qu'elle a accueilli avec un éclat de rire ensoleillé... le soleil de la région de Montpellier, où elle réside désormais.*

Qu'est-ce qu'un OGM ?

« Un organisme génétiquement modifié (OGM) est un organisme vivant dont on a modifié le patrimoine génétique en y insérant un ou plusieurs gènes issus d'un autre organisme vivant. Ce processus, appelé transgenèse, permet de transférer des gènes d'une espèce à une autre, par exemple d'une bactérie à une plante ou d'un humain à un animal[1]. »

Que ce soit dans le domaine agroalimentaire ou dans le domaine pharmaceutique, les produits transgéniques représentent un marché potentiel de plusieurs dizaines de milliards de dollars. De quoi exciter les appétits des sociétés d'agrobiotechnologies au point d'en oublier toute précaution. Or les risques liés aux OGM sont nombreux et encore mal connus (pollution génétique par dissémination du gène, bouleversement irréversible des écosystèmes…).

1. « Clonage, OGM : le marché du vivant » (*Le Monde*, dossiers et documents, novembre 1999).

Le soleil disparut derrière le cordon de dunes. Sous les dattiers dont les palmes découpaient le ciel bariolé, les bananiers échangèrent de longs murmures. Le vent léger charriait une odeur de menthe. Un couple de tourterelles accompagnait le chant de l'eau dans les canaux d'irrigation.

Le gardien termina sa ronde. Poussant le portillon d'accès à la bananeraie, il en ajusta le cadenas et s'éloigna en sifflotant. Deux enfants le guettaient, les yeux brillants. Blottis dans l'ombre de la palissade épineuse, ils avaient attendu avec patience. Dès que l'homme eut disparu, ils se précipitèrent, contrôlèrent la fermeture — efficace, pas de doute ! — et, pouffant de rire, escaladèrent le portillon. Ils se hâtaient avant la nuit noire, qui rendrait difficile le choix des fruits. Ils étaient vifs : en quelques minutes, le couffin qu'ils avaient apporté fut plein de bananes mûres à point.

Retour au portillon. Coup d'œil à droite, coup d'œil à gauche, escalade et nouveaux rires, déjà ils s'enfuyaient, se félicitant du danger passé. Les Blancs étaient si faciles à duper, c'était un jeu de les voler.

Ils filèrent vers le vieux fort effondré. Allah veillait sur eux. Pas un adulte en vue. À l'abri d'un mur de terre rongé par les intempéries, ils partagèrent gravement leur butin et commencèrent à le dévorer.

Allah n'avait fermé les yeux qu'un instant. Une voix furieuse les dressa sur leurs pieds.

— Ali, Mohamed, sales petits renards des sables, vous avez recommencé !

Fuir ? Mais où, dans le désert ? Allons, leur festin était terminé ! Ils avaient mérité d'être punis. Ils courbèrent la tête sous les coups qui pleuvaient et regardèrent avec consternation leur mère piétiner leur savoureux larcin et le réduire à l'état de purée caillouteuse.

— On avait faim, osa gémir Ali.

— Faim ? hurla la mère. Et les dattes, et les galettes, et le lait, ce n'est pas assez bon pour la faim, dis-moi ?

Nouveaux coups. Une grêle. Très drue.

— Sales petites bêtes, grondait la mère. Ça veut la ruine de notre village ! Voler les premiers toubabs[1] qui nous aient jamais fait du bien ! Et moi qui allais chercher le docteur Vénéfice : comment je le regarde en face, maintenant ? Allez, ouste, rentrez veiller votre frère. Il est très mal. Essayez de lui donner de l'eau.

La tête basse, frottant leurs crânes meurtris, les deux garçons s'éclipsèrent sans demander leur reste.

Khadija attendit que sa mère se fût éloignée à son tour avant

1. Toubab, toubabou : surnom donné aux Blancs occidentaux dans certains pays d'Afrique.

de quitter l'ombre épaisse d'une embrasure, où elle avait attendu en se gardant de se manifester. À presque quatorze ans, une aînée se doit d'intervenir quand ses petits frères se livrent à des bêtises. Khadija était lasse de ce rôle écrasant. Juste avant l'arrivée de sa mère, elle s'apprêtait à entrer dans la ronde, mais sans intention de punir, plutôt pour prendre sa part du butin. Elle adorait les bananes, elle aussi, mais pas au point de trouver le culot d'enjamber la barrière et d'aller se servir comme Mohamed et Ali, qui n'en étaient pas à leur premier larcin.

Elle s'était avancée sur le théâtre du piétinement et, accroupie, palpait avec un reniflement désolé le magma odorant quand elle poussa un cri de triomphe. Elle sentait sous ses doigts l'un des fruits demeuré presque intact à l'abri de son épaisse écorce verte. Hum ! Allah lui pardonne, ces fruits que les toubabs faisaient pousser sous leur nez en leur interdisant de les goûter, ces fruits à la texture étrange, à l'âpreté suave, étaient irrésistibles. Elle rendit une action de grâce un rien sacrilège à ses petits frères en avalant la dernière bouchée, puis bascula sur le dos avec un soupir de contentement.

Elle se sentait bien, comme si le ciel clouté d'étoiles avait été une couverture tirée sur elle. De tout temps, la nuit s'était montrée son alliée. Magicienne, pour les rêves qu'elle suscitait. Protectrice, surtout les nuits de nouvelle lune, qui permettent si facilement de disparaître en se fondant dans le noir.

Khadija s'étira, un sourire aux lèvres. Le visage du garçon rencontré ce matin flottait devant elle. Un visage ouvert et rond. À la peau veloutée qui donnait envie de croquer. Et si claire, si claire à l'ombre du chapeau qui la protégeait du soleil…

Khadija sentit courir sur elle un frisson délicieux. Les yeux du garçon s'étaient troublés en se posant sur elle. Sa bouche aussi s'était troublée. Quand la jeune fille avait demandé son nom, le garçon avait bégayé qu'il s'appelait Valentin. *Enfin, Val,* avait-il ajouté, *pas un de mes amis ne me donne mon prénom en entier.* Ce qu'il venait faire dans ce trou perdu du désert ? Rien de plus simple : il était le fils de Sylvana Danielsen, l'ingénieur agronome du centre de recherche ouvert depuis cinq ans sur l'oasis par l'entreprise Thera-Biotech. D'habitude, sa mère le rejoignait en France au moment des vacances, mais, cette fois-ci, comme elle ne pouvait pas se libérer, il avait gagné de haute lutte son billet d'avion pour l'Afrique. Il rêvait depuis longtemps de découvrir le lieu où elle avait choisi de travailler. Elle en parlait avec tant de passion ! Val n'était pas déçu. Il trouvait l'oasis extraordinaire.

Khadija avait laissé fuser un petit ricanement. Extraordinaire, vraiment ? D'accord, ils étaient protégés des vents de sable par la faille où le village s'abritait. D'accord, ils ne souffraient jamais de la soif ni de la faim. L'eau crée des miracles dans le désert. Elle fait pousser les fruits et les légumes, elle abreuve les hommes et les bêtes, elle attire même les investissements étrangers. Bon, leur oasis était un lieu privilégié, et alors ? Allah me pardonne, qui voudrait s'installer là, au fin fond de nulle part, s'il en avait le choix ? Avec la guerre civile qui régnait dans ce coin du pays, même si l'oasis était à l'écart de la zone des combats… Et les soins portés aux malades ? Valentin y avait-il pensé ? Savait-il qu'une épidémie venait de se déclarer dans le village ? Oui, oui, il était malvenu de se plaindre : chance extrême dans le désert, on leur avait offert un dispensaire. Sa création avait été quasi miraculeuse. Mais un dispensaire ne remplace pas un hôpital, n'est-ce pas ? Et le plus proche était à des centaines de kilomètres, autant dire à l'autre bout du monde, vu les pistes et les routes défoncées.

Valentin avait tiré sur son oreille droite et reconnu avec embarras qu'il s'était mal exprimé. Certes, l'oasis n'était sûrement pas un lieu extraordinaire pour ses habitants. D'ailleurs, sa mère avait essayé d'empêcher son départ en apprenant l'épidémie, et, dès son arrivée, elle lui avait sauvagement piqué le bras, à titre de protection… Mais voilà, il n'était qu'un toubabou, un petit Blanc fasciné par la différence. Tout ici lui semblait hors du commun, le cadre, les gens, les parfums, la vie, si calme quand on la comparait aux trépidations fumeuses des capitales européennes.

Et il avait souri. Khadija s'était surprise à regarder fixement la grande bouche bien dessinée. Elle voulait que cette bouche s'ouvre encore pour elle, rien que pour elle. Les Blancs, jusqu'ici, à part ceux qui passaient de temps en temps à l'école, elle n'en connaissait que le mépris ou l'indifférence. Elle voulait entendre à nouveau cette voix gentille de toubabou, et que ce moment ne finisse jamais.

Hélas, la vie va son cours, elle ne reste pas en suspens. Un appel de Fatima, sa mère, avait sorti Khadija de son divin engourdissement. Abdou, le plus jeune de ses frères, quatre ans à peine, venait d'être frappé à son tour par l'épidémie. Atterrée, elle avait regardé l'enfant hier encore si vif et si joyeux se tordre sous les effets du mal, vomissant, se vidant. Ensuite, épuisé par trop d'efforts, il avait cessé de réagir aux visites et aux bruits, déjà presque inconscient, ses joues rondes de bébé flétries comme celles d'un vieillard.

Il n'y avait pas assez de place au dispensaire pour accueillir tous les malades. Fatima était allée chercher les sels de réhydratation que fournissait le docteur Vénéfice. Elle en était revenue avec plusieurs sachets et une misérable banane. Khadija avait passé tout l'après-midi à veiller Abdou, essayant en vain de lui faire avaler le médicament dilué dans un peu d'eau. Il trouvait encore la force de détourner la tête quand elle lui présentait le gobelet. Elle avait mieux réussi avec la purée de banane. Mais quoi, les fruits n'ont jamais soigné les diarrhées infectieuses, au contraire. Les bananes avaient peut-être des vertus particulières ? À l'école, elle avait appris que c'était un fruit énergétique, un mot bien savant pour dire qu'il était nourrissant. Et il devait l'être, puisque le docteur Vénéfice avait ordonné que la banane soit réservée toute entière au petit malade. Pas étonnant, ensuite, que Mohamed et Ali soient allés se servir à la source. Fatima aurait dû le comprendre, mais elle était bouleversée.

Khadija s'assit à regret. Sa mère lui avait accordé deux heures de détente. La course des étoiles au ciel indiquait que ce temps était dépassé. Khadija se leva d'un bond, sous le coup d'une appréhension soudaine. Si Mohamed ou Ali avaient osé terminer la banane destinée au malade, cette nuit promettait des cris et des coups. Depuis la mort de son mari et de ses frères un an plus tôt, dans une embuscade de la milice, Fatima avait assumé le rôle de chef de famille. Il restait bien un grand-père, mais il n'avait aucune autorité, ce dont Khadija se réjouissait en secret. Son père vivant, aurait-elle échappé au mariage qui était le lot de la plupart des filles de son âge ? Rien qu'à l'idée d'être donnée à quelque vieux nanti, elle était secouée de frissons. Fatima assurait qu'elle voulait pour sa fille la chance qu'elle n'avait pas eue –étudier–, mais en vérité Khadija était sa fille unique, sa confidente, son soutien, et elle n'avait pas envie de s'en séparer.

La jeune fille rejoignit à pas lents sa case. L'image de Val hantait à nouveau son esprit.

Le lendemain, le soleil se leva sur une oasis décimée. Toutes les familles étaient touchées. Cette fois, l'épidémie ne touchait pas seulement les jeunes enfants et les vieillards, mais aussi les adultes. Fatima s'était levée en vomissant. *Notre eau est empoisonnée,* avait-elle gémi avant de perdre connaissance. Khadija avait hurlé de peur. Maintenant, elle courait sur les chemins qui bordaient les canaux, courait à perdre haleine dans l'espoir de joindre la première le docteur Vénéfice avant qu'il ne lui soit ravi par un autre parent ou par un ami de malade. Plus malade peut-être, mais tant pis. La seule pensée de sa mère étendue là-bas sans connaissance étouffait sa respiration dans sa gorge et piquait tout son corps.

Elle courait, elle courait, les larmes l'aveuglaient et, en arrivant au dispensaire, elle bouscula violemment quelqu'un sur son passage, quelqu'un qui l'appelait par son nom, *Khadija !*, mais elle n'avait pas le temps de s'arrêter, pas le temps de s'excuser, elle se mit à tambouriner à la porte, criant, gémissant, *par pitié, répondez, ma mère va mourir !*

Puis quelqu'un la prit dans ses bras, un garçon qui caressait ses cheveux et qui disait à son oreille : *Chut, chut, Khadija ! Le docteur Vénéfice n'est pas là.*

C'était Valentin. Elle fixa sur lui un regard égaré avant de s'arracher à son étreinte.

— Laisse-moi, laisse-moi, je dois le trouver. Elle va mourir, comprends-tu ? Elle va mourir !

— Ils sont partis faire la tournée des cases, lui apprit le garçon d'une voix douce. Je peux t'aider, si tu veux. Maman m'a dit comment soigner les victimes. Tu vois ces bananes ? Elles peuvent guérir les diarrhées infectieuses. Si tu veux, on en emporte autant qu'on peut et tu les distribues chez toi et autour de chez toi.

— Vite, vite, supplia Khadija sans penser un instant à mettre en doute l'extravagante affirmation du garçon.

— On parie que je cours plus vite que toi ? dit Valentin avec un petit sourire.

— Pas étonnant, grommela Khadija. T'es aussi haut qu'un zèbre. C'est de la triche !

S'emparant chacun de deux des cartons de bananes entassés à la porte du dispensaire, ils retournèrent au village. La jeune fille disparaissait presque sous la charge et elle finit par trébucher.

— Donne, exigea Valentin. Je peux en porter au moins un autre.

— Pas question. Tu me prends pour une poupée de sucre ? Je ne vais pas me casser, tu sais.

— C'est malin ! Je ne doute pas de ta force. On ira plus vite, c'est tout.

L'argument porta. Khadija ravala son orgueil, et un troisième carton fit disparaître la moitié du visage de Valentin. Seuls ses yeux noisette, amusés malgré la gravité de la situation, dépassaient de l'échafaudage.

Bientôt, ils atteignirent la case de la jeune fille. Fatima avait repris connaissance, mais elle était restée prostrée sur le seuil, incapable de trouver la force de s'écarter de ses vomissures. Mohamed et Ali se tenaient accroupis à ses côtés. Leurs traits crispés et leur expression inquiète trahissaient l'impuissance.

À demi rassurée de trouver sa mère éveillée, Khadija se pencha sur elle, présentant devant sa bouche une banane épluchée.

— Mange, maman, les toubabs disent que ça va te guérir.

Fatima secoua la tête. Son beau visage à la peau caramel avait pris une couleur cendreuse. Elle fronça les sourcils dans l'effort de la réflexion.

— Tu as volé ces bananes ? fit-elle d'un ton soupçonneux.

— Je n'ai rien volé, Allah me protège ! C'est ce garçon qui me les a données. Le docteur Vénéfice passe en ce moment dans le village pour une distribution générale. Je le précède, c'est tout.

Fatima hocha la tête d'un air épuisé. La présence du garçon blanc était une garantie suffisante. Sans plus insister, elle accepta la banane qu'on lui tendait.

— J'en veux une ! s'exclama Mohamed avec une moue gourmande.

— Moi aussi, moi aussi ! renchérit Ali.

— Vous n'êtes pas malades, assena la jeune fille d'un ton sans réplique.

Valentin posa une main sur son bras.

— Mangez-en tous les trois. Ça vous protégera. Vous avez eu de la chance d'échapper à l'épidémie jusque-là. Ne tentez pas le diable.

Pour Khadija, cette phrase fut comme un coup de foudre. Elle n'était pas malade, non, pas plus que ses deux frères. Les fruits volés ! C'était la seule explication... Les habitants indemnes de l'oasis devaient être des mangeurs de bananes. Et comment en douter davantage : même si l'idée semblait absurde, ces bananes étaient des médicaments.

Lorsqu'ils eurent terminé de distribuer de case en case leurs fruits providentiels, elle demanda :

— Val, tu comprends ce qui nous arrive ?

— Maman m'a un peu expliqué. Nous sommes dans une oasis pilote, avec un programme de recherche européen approuvé par votre gouvernement. Ces bananiers, tu sais pourquoi ils sont si bien défendus, derrière ces clôtures ? Parce qu'ils sont transgéniques[1]. Maman travaille là-dedans : la recherche agronomique liée à la médecine. Je l'ai vue grimper aux murs tellement elle était excitée le jour où ils ont réussi la synthèse de leur vaccin contre la diarrhée infectieuse dans le patrimoine génétique du bananier.

— Ça marche comment ? demanda Khadija, intéressée.

— Les plantes peuvent servir de bioréacteurs. C'est-à-dire de machines à produire des protéines intéressantes, en particulier pour la médecine. Et ces bioréacteurs permettent d'obtenir des molécules bien moins dangereuses que celles qui sont produites dans les bactéries ou les levures. Les plantes et les hommes ne se contaminent pas entre eux. En plus, prendre la nature comme usine à OGM coûte beaucoup moins cher.

— Des OGM ? s'insurgea Khadija.

Valentin la regarda d'un air ahuri. Il ne lui était pas venu à l'idée qu'elle pouvait ne pas faire le rapprochement.

— Eh bien quoi, dit-il d'un ton un peu supérieur, vos

---

1. Transgénique : plante (ou animal) à qui l'on a transféré un ou plusieurs gènes supplémentaires, qui s'intègrent dans leur patrimoine génétique (ils seront transmis à leur descendance).

bananiers sont des plantes transgéniques, effectivement. Des organismes génétiquement modifiés.

— Impossible ! protesta Khadija. On serait au courant. C'est des saloperies, ces trucs-là. À l'école, on dit que personne n'en veut plus, dans toute l'Afrique. Des lois ont été votées pour ça. On est en 2012 ! C'est fini, le temps où on vous servait de poubelle. Terminé, le continent facile qui sert de réservoir à cobayes et de champ d'expériences pour tout ce qu'on ne ferait jamais chez soi !

Les bras croisés, ses beaux cheveux charbonneux en bataille, la peau noisette autour de ses yeux froncée par la colère, Khadija toisait Valentin.

— Ces « saloperies » vont sauver la vie de ta mère et de ton petit frère, ne l'oublie pas, dit le garçon d'un ton vexé. Et ne parlons pas des gens de ton village. Ta réaction montre que les chercheurs ont eu raison de garder le secret. Vous n'en auriez jamais voulu, autrement.

— On fait pousser des trucs dangereux jusque dans nos jardins, sans rien nous dire, et tu trouves ça normal ? explosa Khadija dont les yeux bruns luisaient comme des lames.

— Oh ! n'exagère pas. Thera-Biotech a toutes les autorisations nécessaires. Et le chef de votre village était informé, c'est obligatoire.

— Mahmoud ag Gedda ? s'exclama la jeune fille, incrédule. Et tu la tiens d'où, cette information ?

— À ton avis ? D'après maman, il s'est facilement laissé convaincre de se taire. Il sait à quel point la peur de la nouveauté freine les progrès de l'humanité.

— C'est l'avis de Mahmoud, ça ? ricana la jeune fille. Ou celui de Valentin le Philosophe ?

Le garçon tira sur son oreille droite, l'air gêné.

— C'est une phrase de maman. Elle me disait hier soir qu'il faut quelquefois faire le bonheur des gens malgré eux.

— Ben voyons ! Et bien sûr, tu es d'accord ?

— Euh… pas vraiment, non. À la réflexion, cette idée du petit noyau de « ceux qui savent » et qui conduiraient la masse des autres comme un troupeau de moutons, ça ne me plaît pas du tout.

— Ouf ! s'exclama Khadija d'un ton pincé. Tu l'as échappé belle. J'ai failli te détester.

Valentin la regardait d'un air si timide et repentant qu'elle éclata de rire.

— Allez, viens, je te ramène. Tu serais capable de te perdre, dans ce dédale.

Et elle le prit par la main, l'entraînant sous l'ombrage des grands palmiers dattiers, le long des canaux d'irrigation qui chuchotaient leur petit refrain frais, entre les jardins où se mêlaient les parfums de la menthe et de la tomate. À l'approche du dispensaire, ils longèrent les plantations du centre, mais aujourd'hui, malgré la beauté des feuilles immenses des bananiers où le soleil oblique allumait des reflets vernissés, Khadija passa sans un regard.

Valentin remarqua son expression butée, sourcils froncés, regard dur, bouche crispée.

— Quand même, osa-t-il, tu pourrais reconnaître que les alicaments[1] sont des OGM bénéfiques. Moi, je trouve extraordinaire qu'on arrive à créer des vaccins comestibles. Tu te rends compte ?

1. Un alicament est un OGM qui se mange. Ce peut être un additif alimentaire, comme par exemple le « riz doré » mis au point par une entreprise d'agrochimie mondiale, un riz auquel on a ajouté des gènes dont certains fabriquent du bêta-carotène et d'autres stockent le fer. Le but est de permettre à des milliards de gens qui souffrent de malnutrition de résoudre leurs carences en fer et en vitamine A (le manque de vitamine A provoquant très souvent la cécité). L'alicament pourra aussi être un vaccin qui soignera par simple ingestion, comme il est montré ici.

Plus besoin de frigos, ni d'infirmiers, ni de piqûres, et les usines de production transformées en jardins… C'est le rêve, non ?

Khadija stoppa net et se retourna, les poings sur les hanches, le regard exaspéré.

— Si c'est le rêve, ces OGM, pourquoi ça ne pousse pas chez vous ?

— Le climat de l'Europe n'est pas franchement idéal pour la banane, tu me l'accorderas.

— C'est drôle, non, que vous choisissiez la banane ? Pourquoi pas des oranges, ou des pommes ?

Valentin soupira.

— Comme si tu ne connaissais pas la puissance des groupes de pression écologiques. Même aux USA, même au Canada où les OGM poussaient sans entraves jusqu'au début du siècle, ils ont fini par triompher ! En Afrique, tu l'as souligné toi-même, des lois protectrices ont été votées. La plupart des entreprises de biotechnologie se sont délocalisées en Chine. En France, chaque fois qu'un OGM est mis en culture, il est systématiquement arraché. Le saccage se fait quelquefois jusque dans les labos. Alors, tu vois !

Khadija lui opposait un visage fermé.

— Ce que je vois, c'est que les craintes qu'on a chez vous ne sont pas bonnes pour nous ! Ça ne te dérange pas qu'on nous empoisonne ou que vos saloperies se répandent partout ?

— Je me demande pourquoi je discute avec toi. Un vaccin, c'est l'inverse d'un poison, tu ne crois pas ? Et pour le risque de dissémination, maman dit que c'est impossible. C'est pour ça que l'oasis a été choisie. Tout autour, c'est le désert, et les bananes, il est plutôt rare que ça pousse au milieu des sables. Ose dire le contraire !

La jeune fille secoua la tête, indignée.

— Tu as réponse à tout, hein ?

— Hé ! Khadija, je n'ai que quinze ans. Et si tu veux savoir, j'ai l'intention d'apprendre l'astrophysique. Les bananes-vaccins, je n'y suis pour rien.

— Ça, tu me permettras d'en douter. Au moins, tu es d'accord avec ta mère.

Valentin secoua la tête, l'air ennuyé, puis se remit à tirer sur son oreille droite. Malgré la situation dramatique de son village, Khadija fut prise d'une soudaine envie de rire. Ce garçon était si facile à culpabiliser. Et si craquant, avec le rouge de la confusion qui maquillait ses pommettes…

Elle se retourna d'un bloc pour qu'il ne puisse pas mesurer la quasi-disparition de sa colère. Elle en voulait aux toubabs, ça oui, mais Val était encore une herbe tendre et elle aurait juré qu'il ne deviendrait jamais l'un de ces industriels-vampires prêts à saigner l'Afrique à blanc pour leur unique profit. Allons, elle avait assez joué avec lui. Elle se retournait pour un sourire d'apaisement quand elle entendit des éclats de voix.

— C'est maman, dit Valentin d'une voix blanche, le visage décomposé.

De fait, la querelle avait l'air d'être sérieuse. Khadija retint le garçon, qui allait se précipiter pour prêter main-forte à sa mère. Un mot venait de la frapper au cœur : « empoisonnement ». Les jeunes gens étaient encore masqués par la bananeraie. Elle posa un doigt sur ses lèvres et fit signe à Val d'avancer en douceur à sa suite.

Ils s'embusquèrent à l'orée de la plantation. Un laurier-rose épais leur permettait de voir sans être vus. Sylvana Danielsen crachait sa colère à la face d'un homme de haute taille, brun de peau mais habillé à l'européenne. Un étranger. Khadija ne l'avait aperçu que deux ou trois fois dans l'oasis.

— Mais qu'est-ce que vous cherchez ? hurlait Sylvana. Ça ne marchait pas assez vite ? Vous êtes prêt à tuer pour prouver l'efficacité de ce foutu vaccin ?

Le grand type posa une main apaisante sur l'épaule de la jeune femme.

— Calmez-vous, madame Danielsen. Personne ne va mourir puisque notre vaccin est un succès.

Elle se dégagea d'un geste sec et brandit ses deux bras, poings serrés, comme si elle s'apprêtait à boxer. Khadija ne put s'empêcher de siffler son admiration entre ses dents :

— Ben dis donc, elle en a, ta mère !

— Ouais, souffla Val, surtout que le gugusse, là, c'est son patron ! Renaud Grenade, le P-DG de Thera-Biotech.

Sylvana continuait à crier, folle de rage :

— Me calmer ? Je devrais, moi, me calmer ? Alors que vous empoisonnez l'eau d'un village sans vous soucier des conséquences ?

— Qui a parlé de poison ?

— Ah ! ne mentez pas, en plus ! J'ai analysé l'eau du puits. Toute une population contaminée, juste le lendemain de votre arrivée, quelle coïncidence ! Ne vous fatiguez pas, Vénéfice est moins pourri que vous. Il a reconnu sa complicité. À l'en croire, vous aviez décidé de laisser mourir les villageois non vaccinés, juste pour obtenir une meilleure preuve.

— Ça, ma petite, c'est de la pure invention. On a distribué les bananes vaccinantes sans oublier personne, que je sache.

— Oui ? Sans moi et Vénéfice, ils pouvaient aussi bien

crever la gueule ouverte. Vous n'avez pas levé le petit doigt. Ça aussi, vous devrez l'expliquer devant la justice. Pas d'arrangement, cette fois. J'en ai marre de vos sales combines. Je n'ai plus l'intention de fermer les yeux.

— Vous voulez perdre votre travail ?

— Je vous donne ma démission. Ça vous va, non ? Un bon divorce. Et au tribunal, croyez-moi, c'est vous qui aurez tous les torts.

La jeune femme fit volte-face, le visage convulsé de fureur. Médusée, Khadija vit le grand type ramasser une planche qui traînait à ses pieds et l'abattre sur la tête de Sylvana. Il retint cette dernière à l'instant où elle s'effondrait et, la jetant sur son épaule, sans souci de son corps inanimé qui ballottait, il se dirigea vers le dispensaire.

Khadija avait eu la présence d'esprit d'empêcher Valentin de se ruer sur la scène du drame.

— Shh, shh, souffla-t-elle. Ça pue, cette histoire. Te jette pas dans la gueule du loup. Attends ici. Moi, je ne risque rien. Je vais essayer de savoir ce qu'il a l'intention de faire.

— J'ai peur, j'ai peur, gémit Valentin. Ce type, Renaud Grenade, maman m'a dit hier qu'elle s'en méfiait comme de la peste. S'il la tuait ? Faut prévenir les flics.

— Chez nous, la police, c'est corruption et compagnie. Si tu as besoin d'aide, il vaut mieux faire appel aux rebelles. Et je sais comment les contacter. Bouge pas jusqu'à ce que je revienne. Dès que j'en sais plus, on avise.

Valentin s'accroupit sur ses talons et blottit sa tête entre ses genoux. Khadija lui frotta les cheveux d'une main compatissante et disparut.

Du temps passa, Valentin s'était mis à faire les cent pas derrière le laurier-rose. Enfin, Khadija parut. Sa mine renfrognée était plus éloquente qu'un long discours. Sylvana Danielsen avait été enfermée dans la réserve du dispensaire. Un réduit dépourvu de fenêtre et donc quasiment inaccessible. Et les nouvelles étaient mauvaises. Seul Vénéfice avait pris la défense de la mère de Val. Ses deux assistants étaient les âmes damnées de Renaud Grenade. Ils avaient applaudi à la proposition de leur patron : supprimer tout témoin dangereux en le tuant dans le désert d'une rafale de kalachnikov, et le faire passer ainsi pour une victime de la guérilla.

— La guérilla ? marmonna Valentin, l'air égaré.

— Les journaux, je peux comprendre qu'ils n'en parlent pas, mais ta mère ne t'a rien dit ? s'étonna Khadija.

Le garçon secoua la tête.

— C'est vrai que notre oasis est plutôt tranquille, admit la jeune fille. Enfin, elle l'était jusqu'à ces derniers jours. Nous sommes une minorité, tu comprends ? La plupart des gens, ici, sont des Touaregs. Les forces gouvernementales nous ont forcés à nous sédentariser. Mais nous avons tous des cousins nomades. Et certains d'entre nous reprennent régulièrement le chemin des pistes. On veut nous soumettre, nous imposer des frontières, nous qui n'en avons jamais accepté aucune. Et comme on résiste, c'est la guerre. Une sale petite guerre menée par des milices qui sont protégées par l'armée. Alors, tu vois, c'est facile de nous mettre n'importe quel crime sur le dos. Y compris le tien, parce que, mon pauvre Val, le patron de ta mère a décidé que tu serais dans la charrette des condamnés. D'après lui, tu es un témoin dangereux, autant que tu disparaisses avec ta mère.

Elle le serra dans ses bras. C'était assez comique, ce petit bout de fille berçant un garçon bien plus haut qu'elle. Son espionnage lui avait appris autre chose : Renaud Grenade venait d'annoncer avec cynisme à sa propre équipe comment il leur avait menti, ainsi qu'au chef du village. Les accords officiels avaient été conclus pour la culture d'une nouvelle variété de bananes, et non pour des alicaments. Et encore avait-il dû largement user de corruption. Il est facile d'acheter des fonctionnaires quand ils sont aussi peu payés ! Grenade avait projeté dès le début de son installation d'empoisonner l'eau du village pour mesurer les effets de son vaccin. Il ne voulait pas que l'on puisse établir la moindre relation avec ses bananes. Laisser Sylvana témoigner ? Pas question. Si l'empoisonnement était prouvé, il irait croupir en prison.

— Notre dernier espoir, c'est Mahmoud, ajouta Khadija. Il a un portable. Aujourd'hui, avec les satellites, la guérilla n'est plus isolée. Il préviendra les rebelles.

— Tu en es sûre ? interrogea Valentin d'un ton inquiet. Et s'il était d'accord avec ces salauds ?

Soudain, les yeux de Khadija s'écarquillèrent. Valentin se retourna. Trois hommes s'étaient approchés en silence. Grenade et les deux assistants, Salim et Dimitri. Les armes braquées sur les adolescents par Grenade et Salim ne leur laissaient aucune chance de s'échapper.

— Bingo ! s'exclama Dimitri, ses grosses mains frétillant devant lui comme s'il cherchait un cou à tordre. C'est ce qui s'appelle un coup double.

— Vous voyez ? triompha Salim à l'adresse de son patron. Je l'avais bien vu que cette petite peste nous espionnait. Et pour le compte de qui ? Du fils Danielsen. On se demande ce qu'elle lui trouve, à ce décoloré !

— Oui, ricana Grenade. Cette conversation était édifiante, vraiment. S'il me restait un doute, voilà qui m'en débarrasse. Allez, on file au dispensaire. Salim, dès qu'on aura enfermé ces deux-là, tu prépares le Land[1]. Maintenant qu'on tient le garçon, autant mettre en route notre programme « virée dans le désert ». Plus on attend, plus on court de risques.

Le docteur Vénéfice les attendait à la porte du grand bâtiment blanc. Son visage luisait de sueur et la peur ternissait ses yeux. Il trouva pourtant le courage de se dresser devant le groupe.

— Si vous touchez à une enfant de l'oasis, commença-t-il...

— Elle nous a écoutés, coupa Grenade d'un ton sec. Elle en sait beaucoup trop. Et prenez garde, mon vieux. Vous tenez à votre peau, j'imagine. Et vous savez ce dont je suis capable. Ma boîte de biotech[2], c'est la construction de toute une vie. Ma vie. Je ne laisserai personne la détruire. Ou vous êtes avec moi, ou alors...

La phrase était restée en suspens, lourde de menace. Le médecin n'eut pas le temps d'y répondre. Dans un concert de Klaxons et de hurlements de pneus dérapant dans la poussière, trois 4x4 Toyota pilèrent devant l'entrée du dispensaire. Des hommes en bleu, coiffés d'un turban et d'un litham noirs qui ne découvrait que leurs yeux, jaillirent des habitacles, kalachnikovs braqués.

---

1. Land Rover : un gros 4x4.
2. Abréviation pour « biotechnologie », qui est une branche des sciences de la vie utilisant les techniques de l'ingénierie génétique pour réaliser des transformations « utiles » (une utilité bien souvent contestable et peu soucieuse du fameux principe de précaution) dans les industries chimique, pharmaceutique et agroalimentaire.

— Les rebelles ! triompha Khadija.

Profitant du moment de flottement provoqué par cette irruption brutale, elle tira Valentin et ils se mirent hors d'atteinte. Elle n'avait pas une vocation d'otage. Pas question de laisser la moindre chance à Grenade ou à l'un de ses sbires de se servir d'eux comme d'un bouclier.

Mahmoud sortait à son tour de l'une des voitures. Il tapota d'un geste paternel le crâne de Valentin tandis que les hommes en bleu poussaient leurs prisonniers à l'intérieur du bâtiment.

— Comment se fait-il… balbutia le garçon.

— Ta mère, coupa le chef du village, amusé. On s'entend bien, tous les deux. Elle m'a prévenu ce matin sur mon portable quand je l'ai appelée pour lui annoncer le déchaînement de l'épidémie. Je lui avais recommandé de ne pas s'en prendre à son patron. Enfin, pas avant l'arrivée de mes renforts habituels. Où est-elle ?

— La pauvre n'a pas su tenir sa langue, rigola Khadija.

— Ils l'ont enfermée là-dedans, précisa Valentin en adressant un regard noir à la jeune fille. On pourrait peut-être la délivrer au lieu de blablater.

— Pas la peine, je suis là, dit une voix joyeuse derrière eux.

— Maman ? s'exclama Valentin, bouleversé, en se précipitant sur elle.

— Ouh là ! mon fils, s'exclama Sylvana en le laissant se blottir dans ses bras. Remets-toi, je ne suis pas un fantôme. Vénéfice m'avait libérée quand ces trois démons sont sortis tout à l'heure. Le pauvre ! Il a fini par choisir son camp. Il savait qu'il risquait sa peau, mais il ne supportait plus les manœuvres de l'autre affreux. L'idée de s'être rendu complice de crimes le décomposait.

— Notre bon docteur remonte dans mon estime, fit Khadija d'un ton admiratif. Au lieu de fuir, il est resté pour essayer de nous sauver.

— Voilà qui parle en sa faveur, conclut Mahmoud. Je crois que nous allons le garder, hum ? Qu'en penses-tu, Sylvana ?

— Ma foi, c'est un excellent médecin, acquiesça-t-elle avec un clin d'œil complice.

Médusé, Valentin dévisageait le chef du village, cet homme en boubou jaune et coiffé d'un chèche, cet individu qui se montrait si familier avec sa mère, si… comment dire, si tendre ! Il grimaça en se souvenant d'une lettre où Sylvana lui avait fait le portrait chaleureux d'un certain Mahmoud, puis prit le parti de sourire en voyant le regard de Khadija fixé sur lui, un regard ouvertement moqueur. Dansant d'un pied sur l'autre, il tira sur son oreille droite. Pas de doute, il allait encore passer de nombreuses vacances dans l'oasis. Mais, après tout, était-il justifié de s'en plaindre ?

La Petite Joueuse d'échecs

Robert Belfiore

'S'

Né à Albi en 1951, Robert Belfiore a gardé de sa jeunesse le goût pour les histoires merveilleuses qui l'emmènent « ailleurs ». C'est donc tout naturellement que son premier roman, Une fille de Caïn *(J'ai lu, 1985) sera un roman de science-fiction, de même que le suivant,* La Huitième Vie du chat *(J'ai lu, 1987).*

Après le délicieux Petite ou l'Âge d'or *(Flammarion, 1990) où, avec facétie, il épingle les rapports ambigus de notre société à l'argent et au rêve, Robert Belfiore se tourne vers la littérature pour la jeunesse avec* Crimes de papier *(un polar fantastique paru tout d'abord dans* Je bouquine *en 1993 ; Bayard, coll. Envol, 1999),* La Pieuvre de Xeltar *(un récit hilarant mais non dénué de réflexion sur la société de consommation ; rééd. Hachette Jeunesse, coll. Vertige Fou Rire, 1999),* Le Maître de Juventa *(Hachette Jeunesse, coll. Vertige SF, 1996), roman tout à la fois d'amour, d'humour et d'aventures qui se termine sur un splendide paradoxe temporel, et* La Rosée du soleil *(incluse dans l'anthologie* Villes au bord du futur *; Hachette Jeunesse, coll. Vertige SF, 1997), splendide histoire d'androïdes et de mort qui annonce* La Petite Joueuse d'échecs. *Il vient de terminer* Un contrat d'enfer, *un élégant roman de science-fiction pour adultes qui, justement, en cherche un, de contrat.*

Robert Belfiore est professeur de français dans un collège près de Nantes. Quand ses élèves ou ses personnages lui en laissent le temps, il adore taquiner la carpe et jouer au football.

La domotique est l'ensemble des techniques de gestion automatisées appliquées à l'habitation : confort, sécurité, communication (définition du Petit Le Robert, *1996).*

Confit dans son confort, l'homme moderne tendra à s'assoupir dans sa maison intelligente, bardée de gadgets et de capteurs. Mais les domoticiens auront-ils pensé à tout ? Car le risque zéro n'existe pas. Est-on toujours sûr de savoir ce qui se passe dans les circuits imprimés d'une machine ?

I

Le miroir mural mesurait dix mètres de long sur quatre de haut. Impossible de passer devant sans avoir envie de se mirer, une vraie merveille !

— Les vampires ne savent pas ce qu'ils perdent, gloussa Octavio en ajustant son nœud papillon.

En reflet derrière le maître des lieux, par-delà son vaste bureau, la mer immense s'étendait, très bleue, sage, à peine chahutée ici et là par un rouleau d'écume.

Voilà. Rien à redire sur sa tenue vestimentaire. Impeccable. Le costume tombait bien, les chaussures luisaient, la chemise était blanche. Octavio gonfla sa poitrine de colosse. *Soixante-cinq ans, le bel âge,* pensa-t-il ; et il plongea la main dans une poche intérieure de sa veste. Il en sortit le revolver. Le barillet en or portait des boutons de diverses couleurs, des chiffres, des lettres et un petit écran.

Il recula de quelques pas, visa le miroir et pressa la détente. Un éclair jaillit de l'arme, et une lampe dorée se matérialisa dans le miroir, pareille à celles qu'on voit dans *Les Mille et Une Nuits*. Une fumée s'échappa de son bec et monta en volutes blanc et bleu. Un génie prit forme. Il tenait les bras croisés sur sa poitrine nue. C'était un génie moustachu et costaud. Un turban orné d'un rubis couvrait sa tête.

— Salut Max ! dit Octavio. J'ai besoin d'un avis impartial. Pas de mauvais esprit, surtout : comment me trouves-tu ce soir ?

— Ô mon bon maître, répondit la voix caverneuse du génie, parmi tous les hommes laids de cette terre, assurément tu es le plus laid ! Par ailleurs, tu es méchant, une vraie teigne... Bref ! tu es comme tous les autres soirs...

Octavio ricana. Lorsqu'il ricanait, sa lèvre supérieure remontait, elle dégageait largement sa gencive et ses dents énormes et mal taillées. Ses petits yeux gris, eux, disparaissaient complètement sous ses grosses arcades sourcilières broussailleuses. Il paraissait alors plus laid que laid, mais ce n'était pas un problème, il aimait bien ricaner.

— Ce n'est pas exactement ce que je te demande, Max...

— Ah bon ? Mon bon gros vieux maître désire une p'tite sucrerie... Pudding ! Mon cerveau travaille à quatre cents à l'heure mais il ne trouve rien de bon à dire sur ton compte, Octavio W. Roy... Ah ! mais si, ça y est ! Une particule de miel que je viens de trouver au fin fond d'un tiroir. Tu es l'homme le plus laid, l'homme le plus méchant, mais aussi l'homme le plus riche du monde, ô mon bon Maître !... Riche ! Riche ! Comme tu es riche ! Tu es Riche avec un grand R comme dans pRospèRe, comme dans milliaRdaiRe, comme dans je-suis-le-maîtRe-de-la-teRRRRRRRe...

Octavio rit encore. Il aimait le génie du miroir. Le génie débitait souvent des sottises, il exagérait parfois, mais il ne mentait jamais. Il avait été conçu ainsi par les domoticiens, pour jouer le fou du roi, et Octavio ne craignait pas de s'entendre dire qu'il était très laid et très méchant puisque c'était la vérité.

— Je voulais simplement avoir ton avis sur mes vêtements, dit Octavio, rien d'autre.

— Ils sont ringards.

— Tu dis ?

— Ringards ! Ringards avec un grand R de chez Ridicule. Mais tu n'as pas le temps d'en changer. *Elle* arrive…

Octavio consulta sa montre. Bon sang ! Max avait raison, c'était l'heure. Il fit feu contre la glace. Le génie s'effondra sur lui-même comme un ballon de baudruche qui se dégonfle. La lampe aspira son corps de fumée avec le bruit que l'on fait lorsqu'on veut avaler le fond d'un verre à l'aide d'une paille, puis elle disparut à son tour. Le miroir devint un gigantesque écran. On apercevait une voiture dans le lointain, et la grille de la propriété qui se refermait toute seule derrière. Au premier plan, sur le perron, Stanley attendait, dans sa livrée de majordome en chef.

La luxueuse limousine (c'était l'un des véhicules du parc automobile personnel d'Octavio, un modèle blindé, aux vitres noires, équipé de trois portières sur chaque côté) fit sa manœuvre et s'arrêta. Octavio vit Stanley qui dégringolait les marches trop vite et qui glissait ; le majordome eut un mouvement assez ridicule des épaules pour retrouver son équilibre et Octavio ne put s'empêcher de rire en le voyant grimacer de douleur et se toucher les reins. Décidément, ce benêt de Stanley n'en ratait pas une — si l'on peut s'exprimer ainsi ! —, et Octavio songeait avec fierté que son domestique, bien qu'il eût quinze ans de moins que lui, était loin de posséder sa forme physique et son élégance naturelle.

Stanley venait d'atteindre la voiture. Il ouvrit une portière et inclina la tête. D'abord, ce fut une gamine qui descendit. La portière demeurait ouverte, Stanley demeurait courbé, une main sur les reins, et Octavio demeurait planté devant son écran : suspense insoutenable, *elle* allait apparaître, *ELLE*, la grande et belle Dora Sublémy en personne.

Rien ne se passa. Octavio pressa plusieurs fois la détente de son revolver pour zoomer. La portière ouverte occupa tout l'écran. Mais on ne voyait rien ! La portière se referma. Dora était donc descendue par une autre ? Cet imbécile de Stanley ! Octavio fit un zoom arrière. Trop tard ! La limousine s'éloignait dans le parc, Stanley et la gamine avaient disparu... et Octavio avait manqué l'apparition de Dora !

Il traversa son bureau, furieux.

— Ho ! cria-t-il.

La porte de chêne reconnut sa voix et s'ouvrit sur un couloir de vastes dimensions. Juste sur la gauche, dossier fixé à la paroi, se trouvait un fauteuil de cuir à deux places, large, cossu, clouté d'or. Octavio le visa avec son revolver et pressa la détente. Avec un bruit cristallin de clochettes, le siège se dissocia de la paroi et, comme s'il suivait des rails invisibles, approcha jusqu'au milieu du couloir ; là il effectua une rotation de quatre-vingt-dix degrés.

Octavio prit place et pianota sur un boîtier de l'accoudoir : le fauteuil se souleva de quelques centimètres et il démarra en vrombissant. Au bout de trois secondes, il filait à toute allure, sans s'écarter d'un centimètre d'une ligne médiane invisible.

Le couloir était long. C'était un beau couloir. Parfois le maître des lieux aimait le parcourir à pied, comme on flâne dans un musée ; les mains derrière le dos, il n'en finissait pas d'admirer ses tableaux, ici un Hopper, là un Gauguin, un Manchu, ou un Georges de La Tour ; mais le plus souvent, quand il était pressé, il le traversait à la vitesse d'un cheval au galop. Il n'y avait aucun risque pour le passager du fauteuil, car les capteurs dissimulés dans les murs empêchaient toute collision. La Maison en était farcie, ils étaient interconnectés comme les neurones d'un cerveau humain.

Au bout du couloir, le lourd véhicule ralentit de lui-même, chuinta et poussa un double bip avant de virer vers la droite et de survoler avec grâce les trois fois seize marches de l'escalier de marbre. Lorsqu'il déboucha sur la mezzanine, il poussa un autre double bip, ralentit et s'arrêta à peu de distance d'une rambarde. Octavio se détacha, descendit et fit feu sur le fauteuil, qui fila au-dessus de l'escalier pour regagner seul son point de départ ; puis l'homme gagna rapidement la rambarde.

En contrebas, relié à la mezzanine par un tapis roulant doté de rampes, s'étendait un hall immense, dallé de noir et de blanc comme un échiquier. Les murs supportaient des antiquités de toutes sortes, outils et armes, et des tableaux qui représentaient la nature en furie, telle qu'Octavio l'aimait : tempêtes de neige, raz de marée, avalanches, tornades surtout, avec leur belle colonne d'air qui tournoie parfois à cinq cents kilomètres à l'heure. De loin en loin, une armure moyenâgeuse brillait.

Dora n'était pas là.

Stanley, des documents à la main, discutait avec la jeune fille. Elle portait ces vêtements rétro qui revenaient à la mode après avoir fait fureur soixante années auparavant, à la fin du XXe siècle : blouson et pantalon en tissu jean, tee-shirt blanc, brodequins de cuir rouge à gros lacets verts. *Et elle, donc, elle n'est pas ringarde?* songea Octavio. Stanley examinait des feuilles de papier.

— Que se passe-t-il, Stanley ? cria Octavio du haut de la mezzanine. Où est mademoiselle Sublémy ?

— Monsieur, répondit Stanley, l'agence nous envoie cette jeune personne au pied levé à la place de mademoiselle Sublémy, qui a un ennui... de santé, pour ainsi dire. Je suis navré monsieur... Je n'ai été averti que tout à...

Octavio W. Roy sentit monter en lui l'onde de colère. Elle naissait toujours au creux de sa poitrine et remontait de façon fulgurante jusqu'à sa cervelle, où elle explosait. Il avait versé cent mille dollars à l'agence pour réserver Dora ! Il eût été prêt à verser un million de dollars ; l'argent n'avait aucune importance, mais c'est Dora qu'il voulait !

— Et pas une morveuse de dix-huit ans ! hurla-t-il en guise de conclusion.

Hurlait-il après Stanley pour lui reprocher sa négligence dans l'organisation de la soirée ? Hurlait-il pour lui-même parce qu'il avait tout simplement besoin d'évacuer sa colère ? Le majordome demeurait paralysé, bafouillant ses « navré » à jet continu. Mais la petite s'avança d'un pas. Elle semblait très sereine.

— Vous vous trompez sur deux points, monsieur, dit-elle en levant les yeux vers le maître de maison, ivre de rage : d'abord, je suis une morveuse de quatorze ans, et pas de dix-huit...

C'était une brunette aux cheveux courts. Elle gardait sa main droite dans la poche de son blouson, et, de l'autre, tenait nonchalamment la lanière, passée sur son épaule, d'une musette de toile kaki. *Elle a un humour pourri,* s'étouffa Octavio. *Un humour de jeune.*

La jeunette ajouta d'une voix très calme :

— Par ailleurs, je suis meilleure que Dora.

Octavio fronça les sourcils. Sa colère tomba brusquement.

— Stanley, tu as ses certificats ?

— Oui monsieur, répondit le majordome en tremblant. D'après l'agence, il n'y a pas de doute. Mademoiselle… mademoiselle que voici, je veux dire, est meilleure, c'est pour cela que je…

— Ça suffit ! Tu peux rentrer chez toi. Je veux être tranquille ce soir avec cette morv… cette jeune fille.

Stanley s'inclina. Il étouffa un cri. Comme il se redressait en tenant son dos et en geignant, Octavio ricana, découvrant ses horribles dents du haut. La petite eut un léger mouvement du buste et elle pinça les lèvres. *Je la dégoûte,* pensa Octavio, *évidemment… Ben, tant mieux !* Il fit semblant de n'avoir rien remarqué et il lança à Stanley :

— Je te le répète pour la dernière fois : tu dois faire du sport, comme moi. Je veux des domestiques de haut niveau dans ma Maison. Pas des rateurs de marche. Entraîne-toi sérieusement. Dans un mois pile, je te ferai passer un test d'endurance. Si tu échoues, tu seras renvoyé. Va, le mois a commencé depuis vingt secondes…

Stanley s'inclina, et il s'en alla très vite afin que son maître ne voie pas son visage grimaçant de douleur. Octavio se tourna vers son invitée et il lui fit un geste de la main.

— Monte.

Il plongea la main dans la poche intérieure de sa veste et en sortit le revolver. La jeune fille eut un brusque mouvement de recul. Octavio ricana :

— Ce n'est pas pour toi, voyons… Tu n'as donc pas la conscience tranquille ?

Il tira sur le tapis roulant, qui cessa de descendre et inversa son mouvement ; l'adolescente s'avança et, une main sur la rampe, elle se laissa porter par le mouvement. Au fur et à mesure qu'elle montait, Octavio remarqua qu'elle avait des yeux bleus et que son visage était beau, doux et énergique à la fois. Au bout d'une chaîne qu'elle portait au cou, une plaque de métal brillait. Lorsqu'elle arriva au sommet, la gamine fit un léger saut pour se retrouver sur le sol ferme. Octavio constata qu'il la dépassait d'une bonne tête. Il tira de nouveau sur le tapis, qui retourna dans l'autre sens.

Ils grimpèrent les escaliers de marbre.

— Comment t'appelles-tu ? demanda-t-il.

— Gwendolyn.

— Gwendolyn comment ?

— Je ne sais pas, monsieur. À l'agence, ils ne me l'ont pas dit. Je crois que c'est Gwendolyn tout court.

— C'est idiot. Ils auraient pu te donner un nom complet, ça ne coûtait rien.

— Je... je peux vous poser une question ?

— Pose toujours.

— Votre pistolet, c'est un vrai ?

— Ce n'est pas un pistolet, c'est un revolver, un colt. Je suis né au Texas. Le premier objet qu'on m'a fourré entre les mains après mon biberon, c'est un colt. Tu as peur de moi ?

— Je ne crois pas.

— Tu devrais. Il est assez évident que je suis très laid — tu as remarqué mes dents, tout à l'heure, hein ? —, mais on sait moins que je suis très méchant. Mon âme est bien pire que mon visage. Je n'ai pas peur qu'on me déteste. Pour répondre à ta question, c'est un vrai colt que je porte, oui. Mais en plus c'est la Clé. La Clé de la Maison. Le sésame qui commande à tout.

Ils étaient arrivés au bout des trois volées de marches. Elle n'était pas essoufflée, mais lui haletait un peu. Cependant, par orgueil, il n'appela pas le fauteuil-taxi.

— Mon bureau est au fond du couloir, dit-il. Là-bas nous serons tranquilles.

Ils marchaient côte à côte. La jeune fille jetait de brefs regards aux tableaux fixés contre les parois. Elle s'arrêta soudain devant l'un d'eux.

On y voyait cinq personnages de l'ancien temps. Un jeune homme de bonne famille tendait sa main à une vieille bohémienne. Il semblait très absorbé par le baratin de la soi-disant diseuse de bonne aventure. Pendant ce temps, trois jeunes bohémiennes en profitaient pour le dévaliser avec adresse ; l'une, dont le visage aux belles joues roses, vu de face, était d'un ovale parfait, coupait sa chaîne d'or, l'autre tirait sa bourse hors de sa poche et la troisième, dans l'ombre, s'apprêtait à récupérer le butin.

C'était un tableau si admirable que Gwendolyn tendit la main. Elle suspendit son geste, craignant de faire une bêtise, et elle interrogea l'homme du regard.

— Tu peux toucher si tu veux, dit-il.

Elle toucha le pourpoint du garçon, taillé dans de la peau de buffle, ses manches de satin rose et la chemise claire d'une jeune gitane, au tissu fin, brodé de façon exquise. Surtout, elle toucha le visage clair, à l'ovale si pur. Ce visage semblait la fasciner et l'intriguer.

— Elle ne ressemble pas aux autres, dit-elle. On dirait…

— On dirait quoi ?

— On dirait qu'elle n'a encore jamais fait ce métier, que c'est la première fois. Peut-être qu'on la force. Peut-être que ses parents sont tenus en otages et qu'elle doit voler pour les faire libérer.

Octavio haussa les épaules.

— Tu te fais du cinéma, ricana-t-il. Pour moi, c'est une voleuse comme les deux autres. Et la vieille aussi est une voleuse. Je déteste les gens malhonnêtes. Quant au jeune freluquet de ce tableau, c'est un crétin. On n'a pas idée de se laisser embobiner comme ça ! Il y a un côté essentiellement crétin dans la jeunesse. Je ne dis pas ça en particulier pour toi, mais je remercie le ciel de ne pas m'avoir donné d'enfants.

— C'est un beau tableau. Je connais le nom d'un peintre : Picasso. C'est un tableau de Picasso ?

Octavio leva les yeux au ciel.

— Mais non !

— Et c'est un vrai ?

— Bien sûr que oui ! Enfin, oui et non. Je l'ai racheté au Metropolitan Museum of Art de New York il y a six ans. Le musée avait des problèmes de trésorerie. Dix-huit millions de dollars. Non, dix-huit un quart pour être précis. Le vrai tableau se trouve dans la salle blindée d'une de mes banques, à mille kilomètres d'ici, sous l'œil d'une caméra spéciale qui fournit la copie dermographique ici présente. J'ai donc le même tableau dans vingt ou vingt-cinq maisons. Pratique. Au toucher, le contact est le même qu'avec une vraie toile, n'est-ce pas ? Impossible de faire la différence.

Ils reprirent leur marche. La porte monumentale en chêne

s'ouvrit quand Octavio cria « Ho ! », et ils entrèrent dans la grande pièce au miroir. La porte se referma derrière eux. La gamine courut vers les baies vitrées. Elles donnaient sur la plage privée et la mer. On voyait au loin de beaux voiliers et des îles, et plus près les bateaux à moteur des gardes d'Octavio qui sillonnaient les abords. C'était la fin de l'après-midi. Le soleil était rouge.

— Que c'est beau ! Vous devez vous délirer top ici !

Il haussa les épaules :

— Je ne séjourne en Californie que quelques semaines par an. Ensuite, la mer m'ennuie. Toujours pareille. Bleue. Je viens ici sur les conseils de mes médecins, pour l'iode. Mais je préfère mon ranch de San Antonio, avec l'odeur des vaches. La bouse, ça c'est de l'odeur ! On se sent vraiment humain quand on a l'odeur de la bouse dans les narines !

— C'est la vraie mer qu'on voit ?

— Celle-là est vraie, bien sûr ! Tu poses de ces questions ! Ramène-toi maintenant au lieu de dire des bêtises.

Il sortit son colt et visa le plafond. Un cône de lumière, pointe en haut, en descendit, apportant jusqu'à terre un grand échiquier dermographique et une pendule Fischer[1]. Octavio tira de sa poche un vieux dollar porte-bonheur.

— Pile ou face ?

— Pile.

— C'est pile. Tu as les blancs.

Octavio et la petite s'assirent sur de vrais sièges. Elle suspendit sa musette par la lanière au dossier puis, rapidement, elle

1. Pendule spéciale qui sert à décompter le temps de chaque adversaire dans une partie d'échecs, inventée par l'ancien champion du monde américain Bobby Fischer.

poussa le pion de la reine de deux cases et appuya sur sa pendule.

— Tu sais, dit-il en répondant aussitôt à son ouverture, j'aurais préféré Dora à ta place. Chaque fois que je passe dans la région, je commande Dora. Elle a un indice Elo[1] de 2400 points, et pourtant je la bats régulièrement. Et toi, quel est ton indice ?

— Les gens de l'agence m'estiment à 2700 quand je suis au mieux de ma forme.

Octavio réprima un mouvement de surprise. Il plissa ses petits yeux gris et examina la gamine avec un peu plus d'intérêt :

— 2700… répéta-t-il. Tu m'en diras tant… Tu es sûre de ne pas te tromper ?

— Sûre. Mais excusez-moi, je parle peu quand je joue.

— Bon, bon. Alors, jouons.

2

À travers la glace du restobar télétransportable réfrigéré, on voyait quatre étagères de hors-d'œuvre d'un côté et plusieurs bouteilles de champagne de l'autre. Octavio fit pivoter son siège, toucha la vitre, qui s'ouvrit au contact de ses empreintes digitales, et saisit une deuxième bouteille.

— Je ne t'en offre toujours pas, hein ?

1. L'indice Elo permet de classer les joueurs d'échecs, comme au tennis. À titre d'exemple, l'indice Elo du champion du monde russe Garri Kasparov était de 2851 en janvier 2000.

Il ôta son nœud papillon. Il avait chaud. Ils jouaient depuis plus de quatre heures. Un match en sept parties semi-rapides. Octavio avait gagné les deux premières, et la petite les deux suivantes. Ensuite, une chacun. La septième serait décisive.

Jamais il n'avait réussi une telle performance : tenir la dragée haute à un Elo de 2700 ! Mais il en était à sa deuxième bouteille de champagne ; il avait si chaud, il ne cessait pas de boire et ses idées commençaient à se brouiller. Parfois, il faisait feu d'un coup de colt sur les hors-d'œuvre et, par la magie de la téléportation, ils étaient remplacés par des poulets dorés, des hamburgers ou des filets de sole à la confiture. Octavio avait vaguement commencé à grignoter un hamburger. Mais il n'avait pas vraiment faim. Soif seulement.

La petite ne disait rien. Elle ne commentait pas le comportement de son partenaire. Elle jouait. Et elle jouait bien. Mieux que Dora (évidemment, avec un Elo de 2700 !). On voyait qu'elle avait assimilé les stratégies des plus grands maîtres contemporains, l'Américain Julius Dobson, le Russe Youri Karzencov et le jeune prodige français Chris Grenier. De temps en temps, pour se relaxer sans doute, elle quittait des yeux l'échiquier et, la tête levée, exactement à la manière de Dora, elle fixait longtemps un point de l'espace ; c'est ainsi qu'elle délassait son esprit, dans une attitude contemplative, bien éloignée de la méthode d'Octavio qui, lui, préférait se lever et marcher dans le bureau à grandes enjambées.

Oui, cette Gwendolyn se détendait comme Dora, c'était une marque de fabrique, en somme. Mais Dora avait plus de classe, plus d'élégance, infiniment. Elle arrivait aux rendez-vous en robe de soirée, avec un décolleté charmant. Elle était cultivée ; par exemple, jamais elle n'aurait confondu un tableau du XXe siècle et un autre du XVIIe, un Picasso et un Georges de La

Tour… Alors que cette gamine… Sans doute était-elle du genre à croire que Le Pirée était un homme… Octavio fit sauter le bouchon d'une troisième bouteille de champagne.

— Je t'en offre t'jours pas, s'pas ?

Elle ne prit pas la peine de répondre. C'était à lui de jouer. Sa position était catastrophique. Il décida de faire quelques pas pour retrouver ses esprits. Il n'aurait pas dû boire autant.

Il eut du mal à se mettre debout. Il ne marchait plus très droit mais, tant bien que mal, il se trouva devant le miroir. Pourquoi fallait-il donc qu'il revienne toujours vers ce satané miroir ? Parce qu'il se sentait infiniment laid ? Parce que cette laideur, qu'il traînait depuis soixante-cinq ans, l'humiliait et le fascinait à la fois ? *Pauvre vieil Octavio… Les autres humains ont eu droit à quatre millions d'années pour se faire une beauté. Toi, tu es tombé directement du singe par la voie express, sans étapes… Voilà la réalité, mon pauvre vieux : tu étais, tu es, tu seras laid, toujours un peu plus qu'hier et un peu moins que demain…*

Il n'en crut pas ses yeux… Est-ce qu'il avait rêvé ce qu'il venait d'entrevoir dans la glace pendant une fraction de seconde ? La gamine… avait bougé une de SES pièces ! ! ! Il se retourna d'un bloc, vacilla, avança, poings serrés… Elle avait les mains sur les genoux.

— Tu… tu as triché ?

Elle tourna les yeux vers lui. Elle parut hésiter — un très court instant, mais elle avait hésité, c'était évident —, puis elle répondit avec aplomb :

— Non monsieur Roy.

— Je t'ai vue ! Mon cavalier n'était pas là ! Avoue !

— Non monsieur.

— Tu as triché, je te dis ! Et en plus tu... tu mens ?

Il tituba, se retint des deux mains au dossier de son siège ; il le pressait si fort que ses ongles s'enfoncèrent dans le cuir. Face à lui, la petite demeurait silencieuse. Ses yeux brillaient. Est-ce qu'elle pleurait ou est-ce qu'elle souriait pour se moquer ?

— Tu crois que je suis saoul ? hurla-t-il. Tu veux me rouler parce que tu me crois saoul ? Moi ! Me rouler, MOI ? Mais espèce de sale...

Il sentit la rage naître au creux de sa poitrine et monter, fulgurante, impossible à maîtriser. Son esprit embrumé se brouilla totalement. Déjà le colt était dans sa main, comme s'il y avait sauté. Octavio composa le code.

C'était un code à sept chiffres, assez difficile à mémoriser, assez long à composer pour que l'utilisateur ait le temps de réfléchir à ce qu'il faisait. Car ce code donnait accès à la seule fonction irrémédiable de la Clé. La fonction mortelle. Octavio composa le code en trois secondes environ, tendit le bras et tira presque à bout portant dans la poitrine de l'enfant. Elle fut projetée hors de sa chaise et elle roula sur le carrelage en poussant un cri terrible, un cri démesuré, qui emplit toute la pièce et se prolongea.

Elle se retrouva sur le dos, geignant doucement. Durant un court instant, son avant-bras fut pareil au col d'un cygne, puis il claqua contre le carrelage, paume vers le ciel, et la petite joueuse d'échecs demeura définitivement immobile et silencieuse. Dans l'entonnoir que la balle avait créé, on voyait une bouillie de plastique fondu, des câbles sectionnés, des cristaux noircis. Une âcre odeur se répandait, quelques étincelles chuintèrent.

Lorsque Octavio sortit de son hébétude, il se demanda s'il avait rêvé les secondes qui venaient de s'écouler. La sueur coulait à son front. Ses oreilles tintaient encore du cri terrifiant, et qui avait duré si longtemps, comme s'il avait été répercuté par la Maison tout entière. Jamais il n'aurait imaginé qu'une androïde puisse pousser un tel cri. L'arme était encore dans sa main. Il la posa sur l'échiquier. Il tremblait.

Il s'approcha à petits pas du corps étendu. Les yeux bleus, que la terreur avait quittés, semblaient fixer quelque point invisible dans l'espace. Les lèvres étaient entrouvertes. La musette avait laissé échapper son contenu, un ourson en peluche, tout blanc, qui avait un ruban au cou. Octavio cogna ses poings l'un contre l'autre.

Tout cela était triste et bête… Rien ne serait arrivé si Dora n'était pas tombée en panne ! C'était la faute de l'agence ! Elle n'avait pas fini de l'entendre, celle-là ! Toute la Maison d'Octavio avait été conçue par les domoticiens de l'agence locale de l'AndroIdéal. L'agence avait empoché ses millions de dollars, il était son meilleur client, elle lui devait des comptes ! Il n'avait pas demandé à recevoir une gamine, même une gamine estimée à 2700 Elo ! Si Dora… Ah ! oui, Dora, Dora…

Sûr qu'il n'aurait jamais tiré sur Dora, bien qu'elle fût aussi une androïde. Parce que Dora n'avait pas été conçue de la même manière ; elle avait de la culture, de la classe, de la séduction, elle savait reconnaître un Picasso, elle ne mentait pas, ne trichait pas. Bon Dieu ! Avait-on idée de tricher quand on possédait un indice Elo de 2700 points ? Qu'est-ce qui lui était passé par la tête, à cette môme ?

Au fond, elle avait bien cherché ce qui lui était arrivé... Il n'allait tout de même pas verser des larmes sur une vulgaire machine ! Ce n'était pas de la chair qu'il avait abîmée, seulement du métal, du similicone et du cristal d'érax ! L'agence de l'AndroIdéal recyclerait les restes en plaques d'égout ou en pinces à épiler, voilà tout...

Il respira profondément. Il ne se sentait pas bien. À cause du champagne. À cause des yeux de la jeune morte, aussi, qui étaient si bleus et si vides... Ce regard était tellement accusateur... Était-ce vrai que l'AndroIdéal utilisait des cellules humaines pour rendre les yeux de ses androïdes plus brillants, plus... vivants ? Bah ! il n'avait jamais creusé la question, et puis ce devait être légal, de toute façon... Il alla chercher la serviette qui entourait son hamburger et cacha ce regard qui le mettait mal à l'aise. Assez bêtement, il éprouva le besoin de déposer le nounours sur la poitrine blessée et il croisa par-dessus les bras de l'enfant.

La peau de l'andro était encore chaude. Des atomes continuaient de s'agiter dans les circuits, sans doute.

Le regard d'Octavio tomba sur la plaque de métal que la petite portait au bout d'une chaînette. Elle indiquait son matricule : IA471-2054-4-27-AI-CA-Gwendolyn. La petite androïde était toute neuve. Elle était sortie des chaînes de montage à la fin du mois d'avril, le 27. Jamais peut-être elle n'avait servi avant ce soir. Octavio n'osa pas récupérer la plaque. Il aurait fallu manipuler la tête de l'enfant pour trouver le fermoir, il ne s'en sentait pas le courage. Il s'affala, hébété, dans son fauteuil.

Le cri d'agonie résonnait encore dans ses oreilles…

Peu après, comme il allait ouvrir une baie parce qu'il avait envie de respirer un peu d'air frais, il se rendit compte que les volets électriques du bureau étaient abaissés.

Curieux.

Il ne se rappelait pas avoir commandé leur fermeture.

Il saisit son revolver et tira. Les volets ne remontèrent pas comme ils auraient dû le faire. Peut-être le projectile, tout à l'heure, avait-il ricoché après avoir traversé la poitrine de l'enfant et endommagé certains capteurs installés ici ou là ? À la suite de quoi, les volets étaient descendus ; cela avait dû se produire durant son moment de torpeur, et c'est pourquoi il n'avait rien remarqué. Il décrocha un téléphone pour avertir Stanley. Il fallait enlever le corps et prendre contact avec l'agence de l'AndroIdéal afin qu'elle procède rapidement à la réparation des volets.

Pas de tonalité.

Octavio essaya sur deux autres téléphones de la pièce. En vain. Même le téléphone logé dans sa montre ne fonctionnait pas. Il s'essuya le front. La panne était plus grave qu'il ne l'imaginait puisque les liaisons avec les satellites étaient coupées. Cette chaleur… Est-ce que la climatisation fonctionnait encore ? Max… Lui, il pourrait expliquer.

Octavio alla vers le miroir et tira. La lampe merveilleuse apparut. Plusieurs secondes s'écoulèrent.

— Max ? Max ? Tu m'entends ? Réponds, Bon Dieu !

Max n'entendait pas. Il n'apparaissait pas. Octavio sentit son cœur battre très vite. Il tira à plusieurs reprises contre le miroir, mais celui-ci était gelé sur l'image de la lampe et il ne donnait plus accès aux autres écrans de la Maison. Qu'est-ce que cela voulait dire ? Pas de téléphone. Pas moyen de faire des signes aux gardes de la plage puisque les volets étaient fermés… Et cet écran vide… Octavio n'était pas claustrophobe, mais un bizarre sentiment le saisit…

Il jeta des regards inquiets autour de lui dans le vaste bureau. Il faillit arracher son nœud papillon, oubliant qu'il l'avait déjà fait. Alors il ouvrit largement le col de sa chemise et marcha jusqu'à la porte de chêne, le cœur battant fort. Pendant quelques secondes, il demeura immobile devant cette masse monumentale, la bouche sèche, la gorge nouée, dans un silence qu'il prolongeait comme s'il avait voulu repousser l'instant fatidique. Il n'y tint plus… Il fallait vérifier ses pressentiments horribles…

— Ho ! dit-il d'une voix mal assurée.

La porte s'ouvrit sans problème. Octavio éclata d'un rire nerveux. Du revers de la main, il essuya son front ruisselant. Ouf ! Il n'y avait pas péril en la demeure, il s'était fait des idées à partir de pas grand-chose… Il quitta son bureau. La porte se referma derrière lui. Maintenant, il s'agissait de sortir de la Maison, d'avertir les gardes et de réveiller Stanley, qui habitait une maisonnette dans le parc.

Octavio tira sur le fauteuil, qui ne bougea pas. Il insista en vain.

Incompréhensible. Certains éléments du système étaient en panne, mais d'autres, comme le mécanisme de la porte, n'avaient pas été atteints. L'éclairage fonctionnait aussi, au moins en partie puisqu'il y avait de la lumière dans le bureau et dans ce couloir.

Bah ! il se passerait du fauteuil-taxi et il marcherait un peu. Comme il avait parcouru quelques mètres, il s'immobilisa soudain… Des bruits se faisaient entendre dans le bureau qu'il venait juste de quitter, derrière la porte de chêne qui s'était refermée…

Des bruits discrets, difficiles à identifier…

Il rebroussa chemin à pas de loup et, retenant son souffle, il colla l'oreille contre la porte. Aucun doute… *Quelqu'un* marchait de l'autre côté… *Et* ce quelqu'un chuchotait… Ou peut-être bien qu'il y avait deux personnes, l'une qui marchait et l'autre qui chuchotait ? Mais qui ? La sueur gonfla au front d'Octavio… Pour essayer de saisir quelques mots de ces chuchotements, il écrasait son oreille contre le bois à se faire mal et il écarquillait les yeux, ce qui était idiot ! Son cœur s'emballa à nouveau… Était-ce de la terreur qu'il ressentait ? ou bien une espèce de joie ? Il lui parut que ces deux sentiments se mêlaient de façon indissociable.

— Ho ! cria-t-il, à bout de patience.

D'un coup, les chuchotements cessèrent. Le silence dura trois ou quatre secondes. Puis il y eut d'autres bruits, frôlements, respirations, gémissements étouffés…

— Hooooooo ! ! !

La porte ne s'ouvrait pas. Octavio tambourina avec le gras du poing, hurla :

— Gwendolyn ! Petite, réponds-moi ! Gwendolyn !

Rien. Il répéta le mot de passe dix fois, sur tous les tons parce que son empreinte vocale modifiée par l'émotion risquait de n'être pas identifiée du premier coup.

La porte ne s'ouvrit pas. Le système de sauvegarde par reconnaissance de ses empreintes digitales ne fonctionna pas non plus. Alors il composa sur le revolver le code destiné à suppléer aux défaillances des systèmes précédents. Il tira. Le rayon fut sans effet.

De l'autre côté, à présent, il n'y avait plus aucun bruit.

Octavio laissa échapper un cri étranglé. Il voulait savoir ! Il fallait trouver de quoi défoncer cette porte ! Tournant les talons, il se mit à courir comme un fou. Il s'arrêta au bout du couloir. Les yeux fermés, une main sur sa poitrine, il demeura adossé à la paroi, haletant et douloureux. Lorsqu'il rouvrit les yeux, il découvrit *la chose, la chose abominable, impensable, face à lui !*

3

La jeune bohémienne au visage ovale le regardait fixement. Ses yeux brillaient. Et ce n'était plus la même adolescente ! Celle-ci avait les yeux bleus, les cheveux bruns coupés court et, sur sa poitrine, s'étoilait une grande tache rouge... Le sang coulait de ce tableau virtuel, de ce tableau qui n'existait pas ! De longues traînées souillaient la tapisserie, des gouttes éclataient sur le sol. Et le regard clair de cette jeune fille, pareil à un *vrai* regard humain, était chargé de reproches, insoutenable !

Comment la copie dermographique du tableau avait-elle pu changer ? *Qui* l'avait modifiée ? Cela ne pouvait pas être ! Octavio s'éloigna de quelques pas en titubant, se tenant le front, horrifié, comme s'il prenait conscience tout à coup du terrible avertissement qu'on lui envoyait...

Et c'est alors qu'il perçut le bruit cristallin, ce tintement de clochettes si familier : à l'autre bout du couloir, près de la porte de chêne de son bureau, le lourd fauteuil de cuir venait de se séparer de la paroi.

Tout seul.

Octavio pensa d'abord que le fauteuil réagissait avec du retard aux ordres donnés par le colt; guidé par ses rails invisibles, il rejoignait le milieu du couloir. Il effectua la rotation de quatre-vingt-dix degrés, se retrouva face à la ligne médiane et s'éleva de quelques centimètres au-dessus du sol; puis il demeura inerte.

La tête en feu, Octavio s'éloignait à reculons, lentement, sans geste brusque, surveillant l'engin comme s'il s'était agi d'un fauve. Il crut sentir que la jeune bohémienne le suivait des yeux, mais il n'osa vérifier, terrifié à la pensée de croiser son regard. Encore quelques mètres et ce serait l'escalier. Alors, il pourrait se retourner et courir de toutes ses forces pour s'éloigner de ce couloir maudit, et si le fauteuil, par extraordinaire, démarrait, il aurait toujours la ressource de se coller au mur, hors du chemin central imposé à l'engin par les capteurs. Comme cette pensée lui venait, quelque chose se produisit, qui jamais encore ne s'était produit.

Le fauteuil se déplaça vers la paroi située à sa droite. Il la toucha de son accoudoir, légèrement, à plusieurs reprises. Il revint ensuite vers le centre, mais il ne s'y arrêta pas et glissa vers l'autre paroi, qu'il toucha de la même façon, avec infiniment de délicatesse. Il refit ce ballet quatre ou cinq fois, et chaque nouveau déplacement latéral était effectué un peu plus vite que le précédent. On eût dit que l'étrange véhicule prenait des repères et les mémorisait, qu'il testait sa liberté toute neuve... avant de commencer sa chasse à l'homme.

Octavio se retourna et détala. Comme il se précipitait dans l'escalier, il entendit le vrombissement du fauteuil-taxi qui démarrait en trombe.

Jamais il n'avait descendu les marches aussi vite. Il les dévalait par deux, par trois, sans se retourner. Lorsqu'il fut parvenu au milieu de la deuxième volée, le chuintement et le double bip lui annoncèrent que le fauteuil quittait le couloir pour amorcer son virage et débouler à son tour dans l'escalier.

Octavio se tordit la cheville sur l'une des dernières marches, juste au moment de déboucher sur la mezzanine. Le fauteuil le percuta durant la fraction de seconde où il se trouvait en déséquilibre, la tête penchée vers le sol.

Cette perte d'équilibre lui sauva la vie. Au lieu d'être emporté, propulsé violemment contre la rambarde et balancé par-dessus pour s'écraser cinq mètres plus bas sur le dallage du hall — car telle était, de toute évidence, l'*intention* du fauteuil à ce moment-là —, il fut projeté sur le sol de la mezzanine et il y glissa comme sur une patinoire. La douleur provoquée par l'impact du fauteuil contre sa hanche commençait à peine à irradier que sa mâchoire craqua en heurtant les barreaux ; il vit des étoiles et faillit s'évanouir.

Son corps n'était que souffrance, mais il était en vie ! Il rampa aussitôt, en tirant sur ses coudes comme un forcené, jusqu'au tapis roulant salvateur tout proche ; il s'y réfugia comme on se jette à l'eau et, dans l'instant d'après, le fauteuil cogna contre les mains courantes situées de part et d'autre du tapis : l'engin était beaucoup trop large pour s'engouffrer entre elles et pour écraser sa proie, et il cognait contre les rampes, à coups répétés, avec une espèce de rage meurtrière impuissante tandis que le tapis, doucement, emmenait Octavio vers la délivrance.

Il avait mal partout. Sa hanche devait être fêlée ou cassée. Il ressentait des élancements horribles entre sa tempe et sa mâchoire, et du sang coulait en filets de sa bouche : deux ou trois de ses dents avaient dû jouer les filles de l'air à la suite du choc ! Mais cela n'était rien. Il était vivant ! Il allait s'en sortir !

Comme il atteignait le sol dallé de blanc et de noir, le mécanisme du tapis se bloqua. Dans la seconde qui suivit, le mouvement s'inversa ! Le tapis ramenait Octavio vers le fauteuil !

L'homme se mit à ramper de toutes ses forces ! Il retrouvait l'un des plus familiers et des plus horribles de ses cauchemars d'enfant, lorsqu'il courait sur place, de façon absurde, tandis que la Bête, derrière, s'approchait inexorablement ! Cette pensée le galvanisa. Il déploya des efforts surhumains pour grignoter centimètre sur centimètre. Il lui semblait que sa lutte durait une éternité, qu'il n'atteindrait jamais le carrelage du hall ! Enfin, dans un dernier *ahan*, il coucha son torse sur le sol ferme ; alors il sut qu'il était sauvé, pour ce coup-ci.

Cette terrible lutte à contre-courant le laissait épuisé. Une effroyable envie de vomir lui vint. Il lui fallut du temps pour retrouver son souffle. Enfin il releva la tête.

La porte principale, celle qui donnait sur l'extérieur, se trouvait à trente mètres. Il y avait fort à parier qu'elle serait insensible aux ordres de la voix et du colt, et Octavio ne pourrait utiliser sa clé de dépannage puisqu'il ne pouvait se mettre debout ; mais des gardes patrouillaient vingt-quatre heures sur vingt-quatre dans les jardins alentour. Il suffirait de faire du bruit, de frapper contre les battants, de crier ; au bout d'un moment, forcément, ils viendraient à son aide, ils enfonceraient la porte !

Il se demanda s'il aurait la force d'approcher. Mais derrière lui, là-haut, le fauteuil ne cessait d'assener ses coups de boutoir contre les rampes. Et si par malheur il réussissait à briser ses accoudoirs et à se faufiler… Il n'y avait pas à hésiter plus longtemps !

Octavio glissait d'une dalle blanche à une noire, et d'une noire à une blanche, livrant la plus insensée, la plus dramatique des parties d'échecs de sa vie ! Il mesurait sa progression au nombre de dalles qui disparaissaient sous ses coudes. Chaque mouvement lui arrachait une plainte. Mais il en avait vu d'autres ! Il était dur au mal ! Il était Octavio W. Roy, né dans le plus pauvre des quartiers de Jarrell, Texas, fils de Bob Roy-Fleb et de Valentina Bratelli ! Il s'était fait à la force du poignet ! Il ne s'avouerait jamais vaincu. Et d'ailleurs, vaincu par qui ? par quoi ?

Des idées se bousculaient dans son esprit. Des idées étranges, démentielles, que sa raison refusait d'accepter... *Pense aux dalles,* se disait-il pour l'instant, *c'est tout ce que tu dois faire... Dix... Allez, courage... Douze... Et une encore...* Tout à l'heure, ce n'était pas la petite qui avait poussé ce cri terrible... *Quatorze dalles... Combien en reste-t-il ? Cinquante ? Rampe ! Ne réfléchis pas ! Rampe !* Du moins, ce n'était pas elle seulement... Quelqu'un d'autre avait repris ce cri, l'avait amplifié et prolongé... *Quinze... Seize... Rampe et ne pense qu'aux dalles, bon Dieu !* Mais ce cri...

Ce cri... Inutile de se voiler la face, de tricher avec soi-même, de nier l'évidence si extraordinaire qu'elle soit !

Oui, c'était la Maison qui avait hurlé lorsque la petite était morte !

La Maison a hurlé...

Elle a modifié le tableau ! Elle a envoyé le fauteuil contre moi !

La Maison veut me tuer !

Je suis perdu, pensa Octavio. Il étouffa un sanglot et, à bout de forces, cessant de ramper, il posa sa joue contre le sol glacé. Il ferma les yeux. Il aurait tellement voulu dormir et tout oublier…

Une espèce de bourdonnement le tira de sa semi-inconscience, un bruit continu et doux, qu'il connaissait mais dont son cerveau engourdi ne pouvait déterminer en cet instant ni la nature ni la provenance. D'abord il pensa au fauteuil et il tourna la tête : mais l'engin avait cessé de flanquer des coups contre les rampes du tapis roulant et il demeurait inerte là-haut, sur la mezzanine, en sustentation à quelques centimètres au-dessus du sol. Le tapis lui-même s'était figé.

Octavio porta lentement son regard de l'autre côté. Deux portes étaient ménagées dans cette paroi située à sa droite ; la plus massive, bel ouvrage d'art à deux battants, donnait accès à la salle principale de réception, celle où se déroulaient les fêtes ; à sa droite était disposé un trépied portant un globe lumineux tout bleu qui représentait la terre, et à sa gauche une armure du Moyen Âge astiquée si soigneusement que ses aciers semblaient des miroirs. Des tableaux ornaient les murs, puis l'on arrivait à la deuxième porte, plus modeste, qui se trouvait la plus proche de la sortie : c'était celle du monte-charge, dont le ronronnement venait, à l'instant, d'éveiller Octavio.

Son cœur de nouveau s'emballa : à cette heure-ci, il n'y avait plus personne dans cette partie du manoir.

Normalement.

À cause des plantes vertes qui le dissimulaient à ses regards, Octavio ne put lire le ruban lumineux qui lui aurait indiqué si la cage venait du premier ou du deuxième sous-sol. Il rampa sur deux ou trois mètres pour voir ce qui allait se montrer… La porte chuinta, s'ouvrit. L'étrange visiteur apparut.

C'était l'une des trois tondeuses autoportées que le jardinier utilisait pour entretenir les multiples hectares du domaine, une sorte de gros jouet mécanique rouge qui avait quatre grosses roues, un siège, un volant, mais en plus, sous elle, une lame d'un mètre cinquante de longueur. Cette tondeuse était tombée en panne la veille. Le réparateur l'avait démontée et examinée minutieusement ; il lui avait refait une beauté.

Mais une pièce étant cassée, et comme il faudrait deux jours pour recevoir la pièce de rechange, il n'avait pas jugé utile de remonter entièrement l'impressionnante machine : il l'avait remisée dans un coin du deuxième sous-sol, à demi désossée, ses viscères mécaniques à l'air, de sorte que sa longue lame d'un mètre cinquante, qu'un épais carter d'acier dissimulait en temps normal dans un souci évident de sécurité, était nue ce soir-là. Octavio ne voyait qu'elle entre les roues, sous le ventre du véhicule : elle semblait neuve, elle était parfaitement affûtée, elle luisait.

La Maison m'envoie son ange exterminateur… À peine cette pensée grotesque lui eut-elle traversé l'esprit qu'il fut secoué par un ricanement nerveux inextinguible. *Je fais un cauchemar,* songea-t-il. *C'est cela, un vrai, un grand cauchemar que je raconterai à mon psychiatre la semaine prochaine…*

Ou bien je deviens fou ?

Pour se donner du courage, pour lutter contre cet abîme de folie dans lequel il craignait de sombrer, il se fit la réflexion qu'il ne risquait rien, absolument rien puisqu'une tondeuse autoportée est équipée d'un siège, d'un volant et de leviers, qu'elle a besoin d'un conducteur, qu'elle ne peut pas fonctionner seule. C'était logique ! Logique !

Effectivement, c'était…

Un bruit métallique le fit tressaillir. Il n'en crut pas ses yeux : à la gauche de la grande porte de chêne, l'armure — un automate tout juste capable d'accomplir une petite quinzaine de gestes saccadés, une espèce de cyberclown que l'AndroIdéal avait conçu à seule fin de distraire les enfants des invités —, l'armure venait de se décoller de la paroi ! Son casque à visière se tourna en grinçant dans la direction du monte-charge et, pendant quelques secondes, elle parut réfléchir, écouter, *comme si une voix lui envoyait des ordres…*

Elle se décida tout à coup, opéra un quart de tour vers la droite en cliquetant, et, pataude, agitée de convulsions depuis les pieds jusqu'à la tête, elle s'avança vers la tondeuse. Lorsqu'elle l'eut enfin rejointe, un délire s'empara du fauteuil-taxi, tout là-haut. Il semblait fou ! Il cognait contre les mains courantes, comme s'il applaudissait au spectacle ou comme s'il voulait y participer ! Octavio gémit et reprit sa reptation. Il avait compris ! Il fallait atteindre la sortie vite… vite !

L'automate se hissa gauchement sur le marchepied de l'engin. Il se laissa tomber sur le siège plutôt qu'il ne s'assit, puis se pencha, avec ce mouvement raide des gens qui portent une minerve, et cet androbot stupide, ce chevalier à cervelle de grille-pain observa les manettes, les effleura, les palpa…

Il trouva la clé de contact.

Et il la tourna.

Le moteur électrique siffla, démarra, et quelques secondes plus tard la grosse machine quitta la cage du monte-charge pour rouler sur le sol dallé de noir et de blanc tandis que la lame atteignait déjà sa vitesse de rotation maximale. Octavio sut alors qu'il était perdu et promis à une fin abominable. Il rampa de toutes ses forces, insensible à la terrible douleur qui paralysait sa hanche.

La tondeuse effectua sa courbe de poursuite, comme un astronef de chasse qui se place dans l'alignement de sa proie. Elle roulait au ralenti, mais gagnait du terrain sans peine. Quand Octavio fut à dix mètres de la porte, il ne put même pas hurler tant sa gorge était sèche. À bout de forces, il cessa de ramper. C'était la fin.

Un sursaut d'orgueil le prit. Il était Octavio W. Roy de Jarrell, Texas, fils de Bob Roy-Fleb et de Valentina Bratelli ! Il se retourna, les mâchoires serrées : il verrait la mort en face ! Il la voyait. Jamais il n'avait imaginé qu'elle pourrait ressembler à ces roues de tondeuse entre lesquelles il allait passer, à cette lame qui le tailladerait des pieds jusqu'à la tête et disperserait des fusées de sang et des morceaux palpitants de son corps dans tout le hall ! Il réussit à hurler, non plus pour avertir les gardes qui se trouvaient dehors mais simplement comme un soldat qui se donne du courage avant l'assaut.

L'engin était à moins d'un mètre de ses pieds lorsque *quelqu'un* bondit sur la tondeuse. Les roues dévièrent brutalement vers la gauche, telles les mâchoires d'un requin qui abandonnerait sa proie au dernier instant, tandis que l'automate, éjecté du siège, s'écrasait et se disloquait sur le dallage dans un fracas épouvantable !

Alors Gwendolyn, sautant souplement de la tondeuse, vint se pencher sur l'homme, disant :

— Il était moins une, n'est-ce pas monsieur ?

4

Était-ce le miracle de cette apparition ? Était-ce l'émotion de revoir la petite ? Ou bien était-ce la folie de tous ces instants qu'il venait de vivre, et la peur qu'il avait ressentie ? Il pleurait comme un enfant. *Je suis Octavio W. Roy de Jarrell, Texas, et je pleure comme un môme…*

— Tu n'es pas morte… J'ai rêvé tout cela… Je suis si heureux…

— Vous n'avez pas rêvé, monsieur…

Alors il vit qu'on avait refermé le trou béant dans la poitrine de la jeune androïde, mais la blessure avait visiblement été rafistolée à la hâte : le similicone, qui imitait la peau à la perfection d'ordinaire, était boursouflé, et des petits morceaux de fil, pareils à des piquants, hérissaient la couture.

Comme Octavio ouvrait la bouche, Gwendolyn lui fit signe de ne rien demander :

— Je vous expliquerai plus tard ! Vous pourrez tenir debout si je vous aide ?

— Ma hanche est cassée, je crois.

— Nous avons très peu de temps.

— Tu penses qu'elle peut revenir ?

Il parlait de la tondeuse qui, roues bloquées, effectuait un grand cercle dans le hall. Gwendolyn fit non de la tête.

— Ce n'est pas d'elle que j'ai peur, expliqua-t-elle. Regardez plutôt…

Et elle lui désigna l'un des tableaux dermographiques fixés au mur entre le monte-charge et la porte de la grande salle de réception. Il représentait une tornade. Celle de Jarrell, Texas, 27 mai

1997. Une effroyable tornade[1] de force 5 qu'Octavio avait connue lorsqu'il était enfant, le jour de ses huit ans, et qu'il avait demandé à un peintre, plus tard, d'immortaliser sur la toile d'après des photos.

La tornade commençait à s'animer, à se déhancher comme si elle dansait, et l'on voyait pulser des éclairs dans son entonnoir mouvant : la Maison venait de lui redonner vie !

— Vous avez la clé de la grande porte ?

— Oui.

— Alors nous avons une chance. Donnez-la-moi. Dehors, nous serons sauvés. Vite !

Elle courut ouvrir. Elle aurait pu s'enfuir, mais elle revint aussitôt. Avisant au mur une grande fourche à deux dents comme on en utilisait jadis, elle courut la chercher.

— Vous placerez votre bras entre les dents de la fourche et vous vous en servirez comme d'une béquille ; vous vous appuierez sur moi de l'autre côté.

Elle l'aida à se relever. Ainsi ils commencèrent à marcher vers la sortie, étrange duo claudiquant — l'enfant et l'homme, l'androïde et le vivant, la victime et l'assassin. Ils distinguaient les jardins paisibles, des arbres éclairés par des lanternes, le ciel étoilé. Derrière eux, la tornade jaillit hors de son cadre et commença à danser sur les dalles. On eût dit un petit être de vent et de lumière, tout déboussolé, qui réfléchissait. Plus que trois mètres avant la sortie ! Deux… L'air du dehors leur parvenait en bouffées tièdes et parfumées. Octavio avait échappé à la vraie tornade durant son enfance, même

1. Les tornades sont classées par ordre croissant de destruction de 0 à 5. Dans une tornade de force 5, la vitesse du vent est comprise entre 420 et 512 kilomètres à l'heure. On n'a jamais observé de tornade ayant une force supérieure à 5.

si, pendant longtemps, elle l'avait pourchassé dans ses cauchemars d'enfant. La Bête, c'est ainsi qu'il l'appelait. Eh bien, non! À l'aube de sa vieillesse, ce fantôme de tornade, cette Bête venue du fond de ses cauchemars ne le tuerait pas, ce n'était pas possible…

Ils arrivaient! Gwendolyn aida Octavio à franchir le seuil. Il se laissa glisser par terre, épuisé, douloureux — sauvé! Au même moment, comme une flamme avivée par un flot d'alcool, la tornade enfla jusqu'à la voûte de la salle, arrachant des dalles noires, des dalles blanches, les faisant tournoyer dans son cône de fureur… Gwendolyn avait encore un pied dans le grand hall : elle fut décollée du sol et happée par la terrible puissance de la colonne d'air!

Mais Octavio tenait son bras. Il le tenait fermement, opposant sa force de colosse au déchaînement de la bourrasque ! Allongé sur le perron, insensible à la douleur qui pétrifiait la moitié de son corps, il luttait, comme s'il s'était agi de sauver sa propre vie, et la Maison maléfique, sifflante, craquante, traversée d'éclairs bleus et d'objets de toutes sortes, déployait sa rage pour aspirer l'enfant qui flottait comme une oriflamme et pour l'engloutir jusqu'au tréfonds de son vortex !

— Lâchez-moi! hurla-t-elle, elle est plus forte que nous! Je suis une machine… Je n'ai pas d'importance… Vous êtes un humain… Lâchez-moi ! Elle va nous emporter tous les deux !

Je suis un humain, oui… pensa-t-il, *et je ne t'abandonnerai pas.*

Et il ne l'abandonna pas.

Il trouva la force nécessaire pour attirer l'enfant de l'autre côté, avec lui, contre lui. Du bon côté. Du côté de la vie.

La tornade s'éteignit aussitôt et retrouva sa taille de poupée. Elle flotta sur place quelque temps, comme si elle cherchait ses marques dans les décombres de ce paysage hallucinant, puis elle se déplaça lentement au-dessus des gravats et des monceaux d'éclats de verre, parmi tous ces débris hétéroclites qu'elle venait de ramener d'un autre temps, d'un autre monde, parmi tous ces fantômes vieux de plus d'un demi-siècle : arbres déracinés, lampadaires pliés comme des fétus de paille, plaques de tôle, roues de voitures, cadavres de poulets, d'ânes, câbles, baignoires, myriade d'objets incongrus surgis du passé… De place en place, on pouvait reconnaître les restes familiers d'un fauteuil-taxi, d'une tondeuse autoportée ou d'une armure du Moyen Âge. Le petit tourbillon texan sembla trouver ce qu'il cherchait : il fila comme une bestiole craintive vers son cadre tombé au sol et, d'un bond, il s'y figea.

C'était fini. Gwendolyn toussait à cause de la poussière épaisse qui s'échappait du hall, mais elle était vivante ! Ce fut la dernière pensée nette d'Octavio pour ce soir-là ; ensuite, il songea vaguement que le grand hall serait bon à refaire, et qu'il avait bien mérité de se laisser tomber dans les pommes…

Là-bas, des gardes arrivaient en courant.

5

Après son opération, la première personne qu'Octavio voulut recevoir dans sa chambre à la clinique fut Gwendolyn. Elle arriva, pimpante, avec son blouson et son pantalon jean, son tee-shirt tout neuf, sa musette kaki et de gros brodequins bleus avec des lacets jaunes. Octavio la trouva magnifique, pas du tout ringarde. Ils se firent la bise.

— Ils t'ont bien réparée ? demanda-t-il.

— Parfait, monsieur. Je me sens comme avant ! Et vous ?

Il hocha la tête en souriant. Il se trouvait dans un lit, avec des bandages autour de la tête. Un beau soleil entrait par la vitre. Au loin, on voyait l'océan.

— Impeccable. Les chirurgiens m'ont injecté dans la jambe une véritable armée de nanorobots, chacun doté d'une portion infinitésimale de cristal d'érax : ils ont mis leurs cristaux en commun pour fabriquer deux broches, qu'ils m'ont vissées du côté du fémur. Ces nanorobots, quels clowns ! Il paraît qu'ils chantent en travaillant, comme les nains de *Blanche-Neige* !

— Tiens, vous portez du cristal d'érax, vous aussi… En somme, fit-elle remarquer avec un brin de malice dans les yeux, vous ressemblez un peu à un androïde maintenant…

Il fit oui de la tête ; il semblait ému, et après un moment d'hésitation il déclara :

— Ma petite Gwendolyn, il y a du vrai dans ce que tu dis… J'ai l'impression de n'être plus le même homme après les épreuves que j'ai vécues… Je te demande pardon pour le mal que je t'ai fait…

Elle haussa les épaules et sourit à nouveau :

— Je ne suis pas programmée pour la rancune, dit-elle. Maintenant, vous voulez que je vous explique ?

— Bien sûr ! Va, je t'ai louée pour tout le temps de ma convalescence !

Elle s'assit sur le lit. Ses yeux pétillaient. Visiblement, l'idée de tout raconter ne lui déplaisait pas.

— Eh bien, voilà ! Donc j'étais morte et Max est sorti du miroir. Ensuite, il…

Octavio fit les yeux ronds :

— Attends, attends… Tu as été morte et Max est sorti du miroir… Et tu dis ça… comme ça ?

— Ben oui… Il y aurait une autre manière ?

— D'accord ! fit-il en riant, disons que c'est naturel, que ce sont des choses qui arrivent tous les jours dans les maisons !

— Enfin, je dis *morte*, mais je suppose que c'est un bien grand mot pour une Intelligence Artificielle. C'est un mot que je ne mérite pas, mais bon, c'est un mot pratique…

— Tu as raison. Continue, je ne te couperai plus la parole, ma puce, promis.

— Ma *puce*… Pas mal envoyé… Vous êtes plutôt drôle quand vous voulez ! Donc Max m'a prise dans ses bras et il m'a emportée à travers le miroir jusque dans sa lampe. Vous savez, lui et moi, nous sommes un peu cousins, puisque c'est l'AndroIdéal qui nous a créés. *Nous sommes les IA de l'AI*[1], vous connaissez le slogan… Alors il m'a soignée. Enfin, juste les premières manips. C'est un génie, Max, il sait plein de choses, mais il ne dispose pas des outils de l'agence. Disons qu'il m'a bricolée. À un moment, il m'a parlé de vous…

— Qu'est-ce qu'il a dit ?

— Il a dit que… Excusez-moi, monsieur, il a dit que vous aviez bien mérité ce qui vous arrivait, que vous alliez mourir et que personne ne vous pleurerait.

— Max ne ment jamais…

1. Intelligences Artificielles de l'AndroIdéal.

— Alors j'ai décidé de sortir du miroir pour vous tirer des griffes de la Maison. Je suis une IA conviviale, faite pour aider les humains. J'ai cette fonction implantée dans mes cristaux d'érax… Vous savez, il faut que je vous avoue quelque chose de terrible. C'est vrai monsieur, pendant la septième partie, j'ai triché… J'ai changé votre cavalier de place et je l'ai mis en d4…

— Pourquoi ? Tu pouvais me battre si facilement…

— Justement ! L'AndroIdéal m'a programmée pour *perdre* devant les gros clients… Pour leur faire plaisir, quoi !

— Alors tu veux dire que Dora, elle aussi…

— Ben oui, elle faisait pareil ! Normalement, après ma triche, vous auriez pu me mater en trois coups. Mais je n'ai pas été habile comme Dora… Faut dire que c'était la première fois que je sortais… À la date d'aujourd'hui, je n'ai que dix-huit jours de vie androïdique, et vous étiez mon premier adversaire… Je ne suis pas près de vous oublier !

— Je peux t'assurer que l'inverse est vrai… Et… la Maison ?

— La Maison a *ressenti* le coup de revolver. Je suppose qu'elle a eu mal en même temps que moi et qu'elle a voulu me venger. Ou peut-être qu'elle a cru, tout bêtement, que j'étais l'un de ses organes et elle a cherché à me… récupérer en me gobant dans la tornade, allez savoir ! Je ne peux pas dire que j'ai vraiment communiqué avec elle. J'ai ressenti simplement des choses, des ondes de douleur, de peur, émanant d'elle. Ça nous arrive parfois, entre IA, d'échanger des émotions. Mais Rose DeWitt Bukater n'est pas une androïde, elle n'a pas un vrai *moi*, une vraie intelligence. C'est une IA plutôt fruste, vous savez, et à la fin, quand elle a pété les plombs, elle m'aurait tuée aussi bien que vous, elle ne se rendait même plus compte de ce qu'elle faisait, elle était dans une si grosse colère !

— Je crois que je comprends. La colère est un péché capital que je connais trop bien... *Rose DeWitt Bukater,* c'est le nom de ma Maison ?

— Oui, c'est le nom qu'elle s'est donné. C'est peut-être un nom de fleur. Ou de peintre.

La jeune fille baissa les yeux. Elle regardait ses mains avec une sorte de gêne :

— Vous savez, confia-t-elle à mi-voix, à part le jeu d'échecs, je ne connais presque rien à rien... Par exemple, les nains de *Blanche-Neige*, tout à l'heure, je n'ai pas compris ce que vous vouliez dire... Ma culture générale, c'est zéro...

— Allons, ne te dévalorise pas ainsi... La culture, ça s'apprend. Je t'apprendrai. Tiens, commençons par ce nom, Rose DeWitt Bukater... C'est le nom de l'héroïne d'un film de ma jeunesse, *Titanic*, sorti en 1997, l'année même de la tornade de Jarrell. J'avais huit ans... Oui, je suis né en 1989, je dois te paraître terriblement vieux... Je ne sais pas ce qui m'a le plus frappé en cette année 1997, *Titanic* ou la tornade... Tu pourras visionner le film chez moi, si tu veux. À propos : l'agence a envoyé ses ingénieurs et ses techniciens, ils vont sonder partout pour déceler l'origine des dysfonctionnements. Mais toi, qu'est-ce que tu en penses ? Tu crois qu'elle pourrait recommencer à me faire des misères, ma Rose ? Je supposais que toutes les précautions étaient prises dans une Maison intelligente !

— Le risque zéro n'existe pas, monsieur... Jamais ! Allez savoir ce qui se passe *vraiment* dans les circuits d'une IA...

Ils demeurèrent un moment silencieux, et chacun semblait perdu dans ses pensées. *Curieux,* songeait Octavio, *que la maison ait choisi le nom de Rose DeWitt Bukater… Est-ce qu'elle aurait pu deviner qu'à huit ans j'étais amoureux de l'actrice du film? Est-ce qu'elle s'est choisie ce nom pour… me plaire? Mais je divague, ça ne tient pas debout : dans ce cas, pourquoi a-t-elle voulu me tuer? Bon sang! Gwendolyn a raison, on ne peut jamais savoir ce qui se passe dans les circuits d'une IA… Surtout quand elle déraille!*

Il regarda l'adolescente avec curiosité. La lumière du soleil donnait de jolis reflets à ses cheveux… C'était une IA elle aussi… Elle fixait un point dans l'espace, comme si elle écoutait le flux d'électrons tournoyant à l'intérieur d'elle-même. Soudain elle respira très fort, comme pour se détacher de sa rêverie; son regard malicieux revint croiser celui d'Octavio et, sortant de sa musette son nounours et un échiquier de poche, elle déclara avec un sourire désarmant de charme et d'innocence :

— Une autre partie, monsieur?

Fly Me to The Moon

Christophe Lambert

'95

Christophe Lambert est né en 1969 dans la région parisienne. En 1979, son père l'emmène au cinéma voir Star Wars. *C'est le choc, dont il ne s'est toujours pas remis ! Il a suivi des études de cinéma, réalisé plusieurs courts-métrages, travaillé pour la télévision (M6) et dirigé des ateliers vidéo dans les collèges. Mais c'est l'écriture qui le motive vraiment.*

Il débute avec Sitcom en péril *(Hachette Jeunesse, coll. Vertige policier, 1996), un polar plein d'humour se passant dans le milieu de la télévision, qu'il connaît bien. Dès son premier roman de science-fiction, dont l'action a pour cadre un bagne orbital,* la Nuit des mutants *(Hachette Jeunesse, Vertige SF, 1997), il obtient le prix Ozone et décroche la sélection « culture collège » de* Je bouquine. *Situé entre* Alien *et* Les Dix Petits Nègres, Meurtres à 30 000 km/s *(Hachette Jeunesse, Vertige SF, 1998) confirme le goût de l'auteur pour les angoissants huis clos spatiaux. Après un détour par le fantastique (*Pages blanches et Magie noire, *Hachette Jeunesse, Vertige Cauchemar, 1998) et un autre roman policier (*Console à haut risque, *Hachette Jeunesse, Vertige Policier, 1999), Christophe Lambert revient en force à la science-fiction avec un haletant roman-catastrophe,* Titanic 2012 *(Hachette, 1999). Publié hors collection jeunesse, ce roman démontre à l'évidence que l'auteur n'a pas l'intention de se limiter à une tranche d'âge, ce que confirme* Les étoiles meurent aussi, *un polar scientifique paru dans la collection Quark Noir (Flammarion, 2000). Il prépare actuellement un roman sur la colonisation de la planète rouge,* Le Souffle de Mars, *à paraître début 2001 dans la collection Autres Mondes.*

Dans Fly Me to The Moon, *un récit intimiste très inhabituel chez lui, Christophe Lambert a mis beaucoup de lui-même.*

Le 21 juillet 1969 à 3 h 56 GMT, l'astronaute Neil Armstrong pose le pied sur le sol poudreux de la mer de la Tranquillité. « C'est un petit pas pour l'homme, dira-t-il, mais un bond de géant pour l'humanité ». C'est surtout une grande victoire politique pour les USA, qui battent ainsi l'URSS dans la course à la Lune. Mais c'est aussi l'aboutissement d'un rêve car, depuis Icare, l'homme n'a cessé de tendre la main vers les étoiles afin de les attraper.

Le 14 décembre 1972, les membres de la mission Apollo 17 éteignent soigneusement la lumière en partant, car ils savent que la Lune ne recevra pas de sitôt des visiteurs.

Retournerons-nous sur la Lune ? Irons-nous plus loin, dans les étoiles ? Le projet Apollo a coûté 24 milliards de dollars. Dans quel but ? Il n'y a pas de vraie réponse à cette question (alors qu'il y a tant à faire sur notre planète), si ce n'est la fameuse phrase du savant russe Constantin Tsiolkovski, précurseur et théoricien de l'astronautique : « La Terre est le berceau de l'humanité, mais on ne reste pas au berceau toute sa vie. »

1er juin 2007

Je suis allongé depuis deux bonnes heures, et pourtant le sommeil ne vient pas. Des pensées volages, d'autres plus sérieuses, virevoltent dans ma tête. Et des souvenirs aussi... J'ai du mal à faire le tri. Les images se superposent sur la surface gris métallisé, juste au-dessus de moi. Je ferme les yeux. Les flashes continuent à défiler. Projection de diapos privée. Ouais, on peut dire ça...

Juillet 1969. J'ai six ans. C'est l'été, les grandes vacances, le paradis sur terre pour un gosse, même si je reste à Rungis (Val-de-Marne) en juillet et en août. Ma mère passe la serpillière dans la cuisine. Moi, j'ai un stylo à quatre couleurs dans la main, c'est un vaisseau spatial, une fusée ! La preuve, il vole ! Je fais le bruit du réacteur avec ma bouche. À chaque fois que je change de pointe, c'est comme si un nouveau poste de pilotage jaillissait du fuselage. Les pommes dans la corbeille à fruits ? Des astéroïdes. Le freezer ? La planète des glaces. Le bac à plantes vertes ? La planète-jungle. Mon chat ? Un tigre extraterrestre. L'appartement tout entier est une galaxie étrangère, exotique, mystérieuse…

Maman allume la radio. On y parle de la Lune, d'un truc qui s'appelle Apollo, mais je ne comprends pas tout.

— Tu te rends compte Philou ? demande ma mère.

Philou, c'est moi. Philippe Bouvier.

— Tu te rends compte qu'on va aller sur la Lune ? C'est quand même incroyable.

— On va aller sur la Lune ? ! ? je répète, sidéré.

Je commence à faire des bonds, à sauter partout en poussant des cris de joie. Ma mère me regarde, ennuyée :

— Heu, Philou… Quand je dis « on », je ne parle pas de nous. Je parle des cosmonautes, bien sûr.

Douche froide. Je m'arrête net :

— Mais alors, nous, on fait quoi ? je questionne. On reste ici ?

— Ben oui, mon chéri… Mais on pourra regarder le lancement de la fusée à la télé, si tu veux.

Je fonds en larmes. C'est trop injuste. Pourquoi des types vont dans l'espace et pas moi ?

Quelques jours plus tard, mon père me réveille en pleine nuit.

— Qu'est-ce qui se passe ? je bredouille, les yeux encore gonflés de sommeil.

— Tu vas voir…

Il me porte devant notre poste de télé noir et blanc, dans le salon. Ma mère aussi est réveillée. Sur l'écran, l'image tremblote. Deux hommes marchent au milieu d'une sorte de désert, comme au ralenti. Il y a un drapeau américain dans un coin du cadre. Le ciel est noir d'encre.

— Ils sont sur la Lune, explique mon père.

Ma bouche s'arrondit, forme un « o » presque parfait. Je ne sais pas quand, je ne sais pas comment, mais moi aussi, j'irai sur la Lune !

Septembre 1972. « Ils » existent, j'en suis certain. Qui ça, « ils » ? *Les Envahisseurs*, évidemment ! David Vincent les a vus, mais personne ne veut le croire. Ce feuilleton me fiche une trouille de tous les diables. Surtout lorsque la silhouette des envahisseurs se désagrège ! Avec Stef, mon meilleur copain, nous sommes persuadés que l'invasion a déjà commencé. Les extraterrestres vont se poser dans le coin, c'est sûr, car juste à côté de Rungis il y a l'aéroport d'Orly, avec toutes ses pistes d'atterrissage. Notez que, si j'étais un E.T., je choisirais un endroit un peu plus discret pour garer ma soucoupe. Effet de surprise oblige. Le toit du Franprix, par exemple.

Mes parents m'ont acheté une longue-vue. Le soir, à la nuit tombée, je surveille le ciel clouté d'étoiles. J'attends. Je rêve.

Août 1977. Mon père m'a emmené voir *La Guerre des étoiles*. Lorsque le *star destroyer* de Vador s'est mis a emplir tout l'écran, au début du film, j'ai pris la claque de ma vie. Plus rien ne sera jamais comme avant. J'ai acheté les figurines, les maquettes des vaisseaux. Tapi dans la cave de mon immeuble, entre cartons poussiéreux et pinard, je me refais ma propre *Guerre des étoiles*. Mon paternel m'a prêté sa caméra super 8, une vieille Arri qui marche encore très bien, dotée en prime d'un moteur « image par image ».

Je photographie mes modèles réduits sur fond noir, en les déplaçant d'un à deux centimètres entre deux prises. C'est un travail long et minutieux, car la moindre « saute » se voit comme le nez au milieu de la figure. À la projection, le mouvement est un peu saccadé, mais globalement convaincant.

On doit pouvoir faire mieux.

Avec une aiguille, je perce des trous dans un panneau de plexi noir. Éclairé par-derrière, il me fournit un champ d'étoiles criant de vérité.

Un jour, alors que je suis en train d'effectuer l'un de mes tests, ma mère m'appelle depuis la cage d'escalier :

— Tu viens manger, Philou ? Ça refroidit !

— Ouais, c'est bon, j'arrive, m'man !

Je laisse tout allumé.

Lorsque je redescends à la cave, une demi-heure plus tard, un nuage de fumée noire me saute à la gorge. La puanteur est insupportable. Une gélatine en plastique est restée trop près de mon spot artisanal. Elle a commencé à fondre, puis a pris feu, et l'incendie s'est propagé parmi les celliers voisins.

Branle-bas de combat dans l'immeuble. Les pompiers arrivent, exécutent leurs gestes mille fois répétés avec rapidité et efficacité. Tout est bien qui finit bien… sauf que mon studio d'effets spéciaux est ruiné ! Je repense à cette réplique de Luke Skywalker dans *la Guerre des étoiles* après la fugue de D2R2 dans le désert :

— Bon sang, je vais me faire incendier !

Ah, l'adolescence…

J'ai parfois l'impression d'être un extraterrestre : mes copains parlent de moto, de musique, fument du shit et refont le monde pendant des heures au *Café de la Gare*, celui avec le flipper Flash Gordon.

Moi, je découvre la science-fiction : Arthur Clarke, Isaac Asimov, Frank Herbert…

Et les filles aussi, quand même ! Des extraterrestres, à leur manière. Elles m'intriguent, me fascinent, m'impressionnent…

Surmontant ma timidité légendaire, je file un rencard à Célia Courbis, la plus belle fille de la classe. Châtain, des yeux bleus ex-tra-or-di-naires, un visage de madone, un corps de rêve… Tous aux abris, attention : « canon » grave ! Le plus surprenant, c'est qu'elle ait accepté mon invitation. La curiosité, sans doute.

On s'est donné rendez-vous devant le Franprix. Ouais, je sais, vous vous dites : « Y a plus romantique ». C'est parce que vous ne connaissez pas MON Franprix à moi, qui est le plus beau Franprix du monde ! Un champ de blé, mer végétale aux reflets dorés, vient s'échouer pratiquement à ses pieds. La courbe mamelonnée d'une colline se dessine derrière cet océan jaune, bruissant de mille vies. Et dans le lointain, on aperçoit les 747 qui décollent vers d'autres cieux. Bon, ça casse un peu les oreilles, mais c'est très joli.

L'air de ce début de soirée est délicieusement tiède, été oblige. Célia porte une robe à fleurs imprimées. Je l'entraîne sur le toit en terrasse du supermarché, par l'escalier de service (la porte reste ouverte une fois sur deux).

— C'est ici que ça se passe, dis-je en arrivant au dernier étage.

J'ai installé ma longue-vue au bord du vide, avec deux chaises longues. Célia me regarde en biais, du genre « alors, celle-là, on ne me l'a jamais faite ». On s'installe, peinards. On discute de tout et de rien alors que la nuit tombe. Je consulte ma montre. Il est 23 heures.

— Attention, je fais. Ça va commencer.

Je claque des doigts et, soudain, le ciel d'août s'illumine. Des stries de feu zèbrent la nuit, brandons éphémères qui vivent et meurent entre deux battements de cils.

La nuit des étoiles filantes !

— C'est des comètes ? demande Célia, l'œil à la lorgnette.

— Ah non, pas du tout. Là, on voit des météores qui se désintègrent en pénétrant dans l'atmosphère. Alors qu'une comète c'est un noyau, un truc composé de glace, de fragments rocheux et de poussières. Quand la comète se rapproche du Soleil, il se forme ce qu'on appelle la « chevelure », un machin entouré d'hydrogène. Et puis, il y a aussi la queue de poussières, plus jaune, plus large, due aux poussières éjectées du noyau et repoussées par les rayonnements solaires…

Et je continue comme ça pendant une heure. Non-stop. Quand je suis lancé sur le sujet, on ne peut plus m'arrêter.

Célia bâille :

— Bon, ben, c'était super, merci. Je crois que je vais aller me coucher.

Elle se lève.

Pourquoi je ne lui ai pas pris la main ? Pourquoi je ne l'ai pas retenue ?

Quel con, non mais quel con !

1981. Je suis scotché à mon bureau. Il est 1 heure du mat'. Ça révise. Ça bûche dur. En se concentrant un chouïa, on peut presque voir la fumée qui me sort des oreilles. Je suis plongé en plein calcul d'intégrales. L'horreur...

Si je veux aller dans l'espace un jour, il n'y a pas trente-six solutions. La voie royale, c'est l'Armée de l'air. Pilote de chasse. Et pour passer le concours, faut être une bête en maths, ce qui n'est pas vraiment mon cas. Alors je me fais violence. Jusqu'à la nausée. De temps en temps, entre deux équations, mon regard glisse vers la fenêtre et les étoiles qui brillent au-dessus des toits. J'ai la gorge serrée. Le rêve est toujours là, en moi, mais il me paraît bien compromis tout d'un coup.

— Et merde ! j'explose en balançant mon bouquin de maths à l'autre bout de la pièce.

1982. *Of course*, j'ai raté le concours d'entrée de l'Armée de l'air.

Adieu l'espace ! Grosse déprime. Ma mémoire occulte cette période. Le trou noir. Et puis je découvre le meilleur antidote possible : le travail, les projets ! Ma passion pour le cinoche prend le relais. J'irais même jusqu'à dire qu'elle me sauve la vie. Je tourne mon premier (et mon dernier) court métrage. Cela s'appelle *A Flash in the Night* (un titre anglais, tout de suite, ça en jette).

L'histoire ? Y en a pas. C'est une sorte de délire, très influencé par le final de *2001 : l'Odyssée de l'espace*. Un cosmonaute (mon copain Stef, habillé en papier alu dans la plus pure tradition Bogdanoff) a des hallucinations, voit des mondes étranges, des formes de vie inconnues. À la projo, mes potes sont tous d'accord, c'est un petit film prétentieux; en un mot comme en cent : raté. J'en retire cette leçon : « Quand on a rien à dire, on évite de gâcher de la pellicule. »

En revanche, la photo est très réussie. Avec des moyens dérisoires, je suis parvenu à créer des ambiances lumineuses tout à fait satisfaisantes. Mes maquettes de vaisseaux (un melting-pot de modèles réduits récupérés dans le commerce) ont une allure professionnelle. Je suis doué pour l'image. Conclusion : à défaut de raconter des histoires, je pourrai toujours éclairer celles des autres. Ce métier a un nom : directeur de la photographie.

1984. Après mon DEUG, je passe le concours de Louis-Lumière, la meilleure école pour chefs opérateurs (c'est l'autre nom du directeur photo) en France. Encore des maths en perspective, mais déjà plus de mon niveau…

Je suis reçu.

1994. Dix ans plus tard. J'éclaire mon premier long métrage, qui s'intitule *La Fourmilière*. À cette occasion, je renoue avec ma vieille passion pour la science-fiction. L'action se situe dans un monde souterrain, sans doute post-apocalyptique. On tourne dans les catacombes de Paris. L'humidité ambiante ne facilite pas les choses. Le matériel se grippe prématurément. On prend du retard. Les défis m'excitent, me stimulent. Sans doute mon côté maso. J'aime être dans des conditions de quasi-reportage. Comme dirait Clint Eastwood, *il faut s'adap-*

ter, improviser, dominer ! Et je ne suis pas mauvais à ce petit jeu-là.

La partie filmée en studio est beaucoup plus relax. Le studio, c'est une autre gymnastique. On prend le temps de peaufiner la lumière, on la sculpte, on la modèle. Pendant que le réalisateur dirige les acteurs, je place mes projecteurs, secondé par une équipe d'assistants, les électros. Certains mouvements sont parfois délicats à expliquer au cadreur. Aussi, dès que je le peux, je me saisis de la caméra. J'aime faire corps avec elle, composer mon image, gérer l'équilibre des masses, la perspective. Dans ces moments-là, je me dis que j'exerce le plus beau métier du monde.

La Fourmilière connaît un joli succès critique à défaut de public. Tout le monde loue la photo du film. Je suis même nominé pour le César. Les propositions pleuvent.

Mai 2004. Je suis en plein tournage, à Hollywood. Encore une décennie d'écoulée. On regarde par-dessus son épaule et, boum, dix ans ont passé… à la vitesse de la lumière, c'est le cas de le dire.

Après une demi-douzaine de longs métrages hexagonaux, j'ai traversé l'Atlantique sans trop de regrets. Mon truc, c'est vraiment la SF et, en France, on ne me proposait quasiment que des drames psychologiques, des histoires de couples qui se déchirent dans des deux-pièces cuisine… parfois trois (quand c'est une grosse prod').

Cette fois, j'éclaire *Bienvenue à Gattaca II*. Eh oui, un film qui a eu du $uccè$ ne reste jamais sans suite bien longtemps. J'avais adoré le premier opus. Pensez donc : un jeune gars qui rêve de partir dans les étoiles, voilà un scénar qui me parlait ! La suite se passe sur Mars. Une fois encore, la génétique est très présente dans le script. Ce dernier développe toute une problématique autour des dangers du clonage humain…

Je prépare une séquence avec la belle Uma Thurman (ou son clone ?) lorsque Mike Hanson, mon chef électro, débarque sur le plateau en brandissant le dernier numéro d'*American cinematographer.*

— Vous n'allez jamais le croire ! il clame à toute l'équipe. Jim Munroe ! Il a l'intention d'aller tourner un film… sur la Lune ! ! !

Mon cœur saute un battement. Je me jette sur Mike pour lui arracher la revue des mains. Il dit vrai, l'animal ! Jim Munroe s'est payé une double page centrale pour annoncer haut et fort son nouveau projet. Depuis qu'il a réalisé *Hindenburg*[1], le plus grand triomphe commercial de l'histoire du septième art, il peut tout se permettre, celui-là !

Je parcours fiévreusement l'article. Mes genoux tremblent. J'ai la gorge desséchée. Munroe veut profiter de la relance du programme spatial prônée par le président Donovan, le successeur de Bill Clinton. L'une des premières mesures du nouveau chef d'État a été de privatiser la NASA, avec le soutien des grandes industries du pays. Une expédition lunaire est prévue pour 2007. Dans un premier temps, les Américains souhaitent établir une base permanente sur notre satellite. Un tel

1. Le film *Hindenburg* retrace la catastrophe du célèbre zeppelin allemand qui s'écrasa à New York dans les années 1930. Le coup de génie de Munroe est d'avoir glissé une histoire d'amour à l'intérieur de son récit. Ce film a fait de Vincente Di Roma, son jeune acteur principal, une star mondiale.

site offre plusieurs avantages : fabrication de produits sensibles (médicaments, cristaux) en gravité réduite, production de semi-conducteurs dans le vide, extraction de minerai et surtout d'hélium – 3… Bien évidemment, il faudrait être naïf pour ne pas subodorer quelque avantage stratégico-militaire en plus de tout cela.

— Incroyable, je lâche, époustouflé. C'est Hollywood qui aide la NASA à boucler son budget ! On aura tout vu…

Munroe a provisoirement intitulé son film *The First Step (Le Premier Pas).* L'histoire retracera toute l'aventure du programme Apollo jusqu'au fameux alunissage de Neil Armstrong et de Buzz Aldrin le 21 juillet 1969 (les deux vétérans ont d'ailleurs été engagés comme conseillers techniques !). Ces séquences seront vraiment filmées sur la Lune, en équipe réduite, sans trucages ! ! ! Devis estimatif : huit cent millions de dollars, quatre fois plus que *Hindenburg* qui, jusqu'ici, détenait le record en la matière ! Ces chiffres ont de quoi vous donner le vertige.

The First Step est supposé sortir sur les écrans en 2009 pour fêter le quarantième anniversaire de l'exploit historique d'Armstrong et d'Aldrin. Munroe n'a pas encore choisi ses techniciens : il lance un appel d'offres à la fin de l'article. Toutes les candidatures vont être examinées avec soin. Cependant, les places seront chères. Les heureux élus devront suivre un entraînement intensif durant, au minimum, deux ans… ce qui signifie faire une croix sur ses projets et sur sa vie privée tout au long de cette période.

Le système de sélection se calquera sur celui des cosmonautes de la NASA : il y aura une équipe A, « principale », et une équipe B, « de rechange ». Les membres de cette dernière seront obligés de se plier aux tests médicaux et à tout le reste comme s'ils allaient partir. Ce rôle de doublure, particulièrement ingrat, doit être très difficile à supporter d'un point de vue psychologique.

Néanmoins, malgré toutes ces chausse-trapes, l'aventure me tente. Tourner un film et partir dans l'espace ! Mes deux rêves enfin liés !

Je téléphone aussitôt à mon agent pour qu'il me décroche un rendez-vous avec Munroe.

Un mois plus tard, je rencontre Jim Munroe.

Les locaux de sa société d'effets spéciaux, *Digital Kingdom*, valent à eux seuls le déplacement. Des maquettes de vaisseaux fabuleux et des *matte paintings*[1] ornent les murs. Un oscar trône en bonne place au milieu du couloir. Je croise plusieurs employés. Ambiance décontractée, si l'on en juge par leur tenue : jeans, chemise de bûcheron et barbe de trois jours. On a l'impression de se trouver dans un campus universitaire plutôt que dans une boîte qui brasse des millions de dollars.

Une assistante zélée me propose un café à trois reprises. Je refuse à chaque fois. J'entends Munroe qui hurle de l'autre côté du mur, dans son bureau, et cela me met mal à l'aise.

— Ne vous inquiétez pas, me rassure la secrétaire. Il est toujours comme ça.

1. *Matte painting :* peinture sur verre, procédé très utilisé pour truquer des décors au cinéma.

Ben ça promet.

Deux minutes plus tard, elle me fait entrer chez le big boss.

— Ah, *Philippe*, lance le réalisateur avec un sourire (il essaie de prononcer mon prénom à la française). Asseyez-vous.

On se serre la main. Munroe n'est pas très grand, mais il se dégage de lui une énergie et un dynamisme incroyables. Il doit avoir dans les quarante-cinq ans, arbore une barbe poivre et sel. Son regard est franc, sans détours.

— J'espère que je n'arrive pas à un mauvais moment ? je risque.

— Vous m'avez entendu, c'est ça ? Non, ne vous bilez pas... Je discutais avec Teddy Frankenheimer, de la NASA. Ces connards changent d'avis toutes les semaines. Maintenant, ils veulent construire leur base lunaire sur l'équateur.

— Ah bon ? Ils laissent tomber les pôles ?

— On dirait... Paraît qu'il y a davantage d'hélium –3 au niveau de l'équateur... ce qui n'arrange pas mes affaires, je ne vous le cache pas. Aux pôles, on pouvait profiter de la lumière solaire comme on voulait. Là, ça va m'obliger à *speeder*. Quatorze jours[1] de soleil grand max'. Ils ne se rendent pas compte !

— Ils ont sûrement leurs impératifs.

Le metteur en scène a un geste empreint de lassitude, comme s'il voulait dire « changeons de sujet, ça m'énerve ». C'est d'ailleurs ce qu'il fait la seconde d'après :

— Je connais votre travail. J'aime bien votre lumière sur *Alien VI*. Vous saviez qu'on m'a proposé de le réaliser ? Ils me

1. La Lune tourne sur elle-même en un peu moins de vingt-huit jours.

l'ont offert sur un plateau. Mais le script n'était pas très bon, hein ? Vous êtes d'accord, non ? En tout cas j'aime bien votre photo.

Comme la plupart des puissants d'Hollywood, il parle vite, avec une certaine tendance à faire les questions et les réponses tout seul. Il enchaîne :

— Vous utiliseriez quelle pelloche, sur la Lune, si vous aviez le choix ?

Autre particularité des *wonder boys* du septième art, ils passent du coq à l'âne très facilement. Je me rencogne dans le dossier de mon fauteuil. J'ai l'impression de revivre le concours de Louis-Lumière.

— Ma foi... Je dirais une pellicule pas trop sensible, avec fermeture maximale de l'obturateur. De la 125 Asa, par exemple.

— Et pour le contraste ? Vous savez qu'il n'y a pas de demi-mesure là-haut. C'est comme pour les températures : + 130 °C au soleil et – 170 °C à l'ombre !

— Filtres gris neutres... Ils absorbent la lumière en douceur, sans altérer le rendu des couleurs.

— L'IMAX, vous en pensez quoi ?

— Trop lourd. Trop compliqué.

Ce n'est plus un questionnaire, c'est un bombardement intensif. Je m'y plie de bonne grâce. Munroe a sorti un petit carnet à spirales et prend des notes. Il poursuit :

— Si je vous dis que je veux voir les étoiles, dans le ciel...

Je souris malgré moi. Cela me rappelle mon « firmament » en plexi, dans la petite cave de Rungis. La vie est un éternel recommencement.

— La solution la plus simple serait de les rajouter en images de synthèse.

— Non, je veux les vraies étoiles ! Pour ces séquences, tout doit être vrai. On va baser notre campagne de pub là-dessus : la Lune comme si vous y étiez. Nous devons réaliser ces prises de vues sans effets numériques !

— Alors il faut impressionner une première fois le sol lunaire avec les acteurs. On masque le bas de l'image, puis on refait un passage et on change l'ouverture pour les étoiles. Une sorte de cache/contre-cache en direct.

— Ouais… ça marche pour les plans fixes, votre truc. Mais pour les mouvements de caméra ?

— Hon-hon… Ça demande réflexion.

Le réalisateur se lève. C'est le signe que l'entretien touche à sa fin.

— Alors à vous de jouer. Celui qui me trouve la solution gagne son billet pour la Lune. Content de vous avoir rencontré, *Philippe*.

On se serre de nouveau la main. Moi aussi, je suis content de l'avoir rencontré. Au moins, en voilà un qui sait ce qu'il veut. Ça me plaît. J'ai envie de lui dire *fly me to the Moon, mister Munroe*[1] pour paraphraser la célèbre chanson, mais je n'ose pas. Une autre fois, peut-être…

De retour chez moi, je n'arrive pas à tenir en place. Je fais les cent pas dans mon appart' de Santa Monica, comme un fauve en cage. Dire que je suis fébrile relève de la litote.

Bon, c'est pas tout ça, mais il faut se calmer et cogiter cinq

1. *Fly Me to The Moon* : « Envolez-moi sur la Lune », en anglais.

minutes. Munroe m'a posé une colle. À moi de la résoudre.

Un bras humain ne peut pas refaire exactement le même mouvement : il y aura toujours un infime changement de vitesse, un arrêt ou un démarrage trop brusque qui se sentira à l'image.

— Il faudrait un « bras-robot », je marmonne pour moi-même.

Ce type de matériel existe au cinéma. Cela s'appelle une *motion control*, une caméra pilotée par ordinateur. Mais pas question de trimbaler un engin pareil sur la Lune. Cela pèse des tonnes ! Or, dans tout vol spatial, la charge utile emportée est soumise à des restrictions draconiennes. Je repense à ces petits robots-sondes envoyés sur Mars. Ils ne pèsent pas bien lourd, je crois. Si seulement on pouvait leur greffer un bras articulé.

J'exécute un croquis sommaire et je l'expédie aussitôt, *via* Internet, à un ami ingénieur-mécanicien pour qu'il me donne son avis…

Octobre 2004. J'ai soumis mon projet de « robot-caméraman » à Munroe. Je l'ai baptisé Nestor, en hommage à Nestor Almendros[1], mon chef op' préféré. J'attends la réponse de Jim depuis plus d'un mois. L'enfer.

Lorsque le téléphone sonne, je suis en train de lire une pile de scripts envoyés par mon agent. Certains sont plutôt bien ficelés, mais aucun de ces projets n'arrive à la cheville du *First Step*.

1. Nestor Almendros : l'un des plus grands directeurs de la photo français, collaborateur privilégié de François Truffaut.

Je décroche, le cœur battant. C'est Munroe.

— Salut *Philippe*. Vous allez bien ?

J'ai du mal à parler. L'émotion, sans doute. Après un gulp sonore lorsque j'avale ma salive, j'arrive enfin à articuler :

— Heu oui… et vous ?

— Ouais, enfin, j'ai du boulot par-dessus la tête. J'ai examiné votre proposition. C'est OK. Les pisse-froid de la NASA ne sont pas enchantés par la perspective d'emporter du matos supplémentaire, mais moi j'aime bien l'idée. Je vais *dealer* le coup.

— Ça veut dire… ?

— Que vous êtes dans les finalistes. Vous n'avez rien signé, j'espère ? Pas de contrat ?

— Nnnon… je suis libre.

— Alors faites vos bagages. Vous partez pour Houston après-demain !

Mars 2006. Houston, Texas…

Je subis un entraînement intensif depuis plus d'un an. Subir est bien le terme. On m'a pompé assez de sang pour nourrir une armée entière de vampires et on m'a injecté tout un tas de trucs dans les veines dont je n'ai même pas idée ! J'ai tellement l'habitude d'avoir des électrodes « greffées » sur moi qu'il m'arrive de me prendre pour un de ces cyborgs, mi-homme mi-machine, des récits de SF…

Le pire, je crois, c'est le test de la roue. On nous sangle dans un siège-couchette, et c'est parti pour un tour de manège avec des accélérations qui peuvent aller jusqu'à 12 g. Il faut réussir à dilater sa cage thoracique pour faire rentrer un peu d'air.

Rapidement, on a la vue qui se brouille. Mais il faut tenir le coup, rester conscient, et éviter le voile noir à tout prix. Enfin, voilà pour la théorie ; en pratique, on finit toujours par sombrer. C'est celui qui a résisté le plus longtemps qui décroche la timbale…

Toutes ces joyeusetés s'additionnent à la préparation du film proprement dite. Le plan de travail n'arrête pas de changer. John Lamont, l'assistant-réalisateur, s'arrache les cheveux. On a *story-boardé*[1] les séquences de la Lune, mais Munroe en veut toujours davantage. Il lui faut plus d'images, plus de mouvements, plus de prises de son en direct. Plus de plus. Autant de défis qu'il s'agit d'anticiper soigneusement sur le papier.

On répète notre chorégraphie jusqu'à la nausée, dans un studio top secret, mieux gardé que Fort Knox. Du sable ramené à grands frais du parc national de Big Bend simule le régolite lunaire. Le décor a quelque chose de surréaliste : un « clair de Terre » en trompe-l'œil nous sert de toile de fond. On filme tout à deux caméras, voire à trois lorsque mon Nestor fonctionne. En effet, des grains de sable ont tendance à se glisser dans ses délicats mécanismes. Idem pour les caméras. Je dois changer de magasin régulièrement.

L'équipe cinéma se composera de quatre personnes : Jim Munroe, un chef op' homme à tout faire et deux acteurs. Munroe a bataillé ferme pour imposer un chef op' (à Hollywood, tout le monde sait qu'il est capable d'éclairer ses films lui-même). En conséquence, le nombre de cosmonautes

1. Story-boarder : dessiner plan par plan une scène pour prévoir à l'avance la position de la caméra, et la mise en scène d'une manière générale.

« professionnels » a été réduit à deux. Une bonne grosse pilule bien difficile à avaler pour la NASA. Le réalisateur n'a obtenu gain de cause qu'à une seule condition : il devra apprendre à piloter le module lunaire, dans l'hypothèse où le pilote attitré aurait un pépin. Et le plus dingue, c'est que Munroe a accepté ! Comme s'il n'avait pas assez de travail comme ça ! Plus j'apprends à le connaître, plus il force mon admiration. C'est un fou, d'accord, mais un fou génial. Il veut garder le contrôle sur le moindre détail de son projet… sauf que ce dernier prend des dimensions pharaoniques. Je ne vois guère que Kubrick qui puisse soutenir la comparaison avec lui. Mais Kubrick est mort…

Aujourd'hui, je nage dans une piscine qui occupe la majeure partie du bâtiment 29, au centre de Houston. On n'a rien trouvé de mieux pour simuler l'impesanteur. Sincèrement, je ne pensais pas que l'entraînement des cosmonautes était aussi dur. Je suis censé jouer les mécanos de l'espace, toujours dans l'idée où nos chaperons de la NASA seraient hors service pour telle ou telle raison. C'est statistiquement fort peu probable, mais je ne discute pas. Ma place à bord de la fusée est à ce prix.

Je nage, engoncé dans ma lourde combinaison lestée de plombs (l'enfiler est déjà un exploit en soi). L'oxygène fourni par mes bouteilles n'a pas très bon goût. Il me paraît froid, métallique. Une longe de sécurité me relie à la surface externe du vaisseau — plus exactement à sa reproduction, une maquette grandeur nature échouée au fond de la piscine. Si l'on veut bien imaginer que la longe ombilicale est mon seul lien entre la vie et la mort (le vide sidéral), il y a de quoi se faire des cheveux blancs.

Je m'approche d'une valve récalcitrante. Je dois réussir à la débloquer, sinon le système qui recycle l'air dans notre module de survie risque de saturer. Je rase la carlingue, tel un rémora ventousé à son poisson-porteur. Mon cœur pulse en battements réguliers dans ma poitrine. Le bruit se répercute dans tout mon scaphandre, qui fait caisse de résonance. Je transpire. J'agrippe la vanne défectueuse. Elle résiste. Mes gants glissent sur le volant.

— Merde !

En français dans le texte.

Ma respiration s'accélère. Pshhhhh-pawwww… Pssshhhh-pawwww… J'ai l'impression d'être Dark Vador.

— Relax, Philippe, fait la voix du *sim supervisor* dans mon casque. Vous avez le temps. Ce n'est pas un concours de vitesse.

— *Roger.*

D'habitude, je ne suis pas sujet à la claustrophobie, mais là, je ne sais pas ce qui me prend, l'angoisse monte ; elle gonfle en moi comme une mauvaise levure. Le scaphandre n'est plus un allié, mais bien un ennemi qui entrave mes mouvements, cherche à m'étouffer. Cette foutue vanne ne veut rien entendre. Ils l'ont définitivement coincée, c'est pas possible ! C'est quoi ce test à la noix ? Les dés sont pipés ?

La moutarde me monte au nez. Je m'énerve. Alors que je m'acharne, le tuyau de mon arrivée d'air se prend dans une sorte d'antenne (je ne sais même pas à quoi il sert, ce machin !).

— Chierie de merde ! je crie.

Cette fois, je perds vraiment mon sang-froid. Je n'arrive plus à respirer. Deux hommes-grenouilles se portent aussitôt à mon secours. Ils m'attrapent par les aisselles et réajustent mon tuyau. L'air revient à nouveau. Je me calme, mais le mal est fait.

— On arrête pour aujourd'hui, soupire le *sim supervisor* par micro interposé.

Je me maudis en mon for intérieur. En quelques secondes, je viens peut-être de foutre en l'air un an et demi de travail.

Fin 2006. Je suis dans mon hôtel, allongé sur le lit. Aujourd'hui, c'est le grand jour, le bout du tunnel. Le comité de sélection (Munroe, les producteurs et deux gus de la NASA) vont enfin communiquer leur décision : on va savoir qui part pour les étoiles... et qui joue les remplaçants sur le banc de touche.

L'angoisse est à son comble. Rester calme. *Keep cool,* comme disent les Yankees. Je me redresse sur mon séant. La tête me tourne. J'ai sans doute eu tort de faire une razzia dans le minibar. Pas très raisonnable pour un aspirant cosmonaute. On se doit d'être au-dessus de tout reproche. *Zéro defect*... Pas facile tous les jours.

Le téléphone sonne, boostant du même coup mon rythme cardiaque. Je décroche et j'entends la voix de Munroe. Dès sa première intonation, je sais que c'est cuit.

— Salut *Philippe.*

— Salut Jim... Alors ?

— Vous allez être déçu, mon vieux...

Tous mes muscles se relâchent. Un mélange de détresse, d'abandon, et même une sorte de soulagement diffus. Tout vaut mieux que l'incertitude.

— C'est Darius Khondji qui décroche le job, reprend le réalisateur.

— Le coup de la piscine… ça m'a grillé ? je demande, en avalant avec peine ma salive.

— Ouais. Désolé. Nos deux consultants NASA n'aiment pas trop ce genre de petits pétages de plombs. Mais c'est la seule fausse note dans votre dossier. Il s'en est fallu de peu, *old chap*, de très peu…

— Cela me fait une belle jambe.

J'ai du mal à contenir mon amertume. Munroe le comprend et ne s'en offusque pas.

— Je suis désolé, je vous le répète. Je pense que nous aurions fait une équipe du tonnerre, même si Khondji est très bien.

Je me ressaisis.

— Bonne chance à vous, Jim. Je suis certain que vous allez nous pondre un superfilm.

— On se voit à la conférence de presse, demain. Tâchez de dormir un peu, même si j'imagine que ça ne va pas être facile.

— Je vais essayer. Au revoir.

Je raccroche, complètement lessivé. Je suis déçu. Non, plus que déçu… Tout ce travail, tout cet investissement personnel… pour que dalle ! Et je dois rester encore un an sur le carreau, payé à ne rien faire ! Le contrat est tout à fait clair sur ce point… Mon rêve me passe sous le nez. À cet instant précis, je préférerais n'avoir jamais eu vent de cette histoire de tournage sur la Lune. Une sensation de néant abyssal m'avale, m'engloutit. Les psychologues qui nous suivent depuis deux ans nous avaient prévenus. Le choc est quand même sacrément rude.

Faire quelque chose, n'importe quoi.

J'allume la télé. Flash spécial sur CNN.

Ils communiquent le nom des membres de l'équipe gagnante, la *Dream Team,* avec photos, réaction de la famille, des amis, et tout le tintouin.

Chef opérateur :
Darius Khondji
Acteurs :

Neil Armstrong	Edward Norton
Buzz Aldrin	Noah Whyle

Cosmonautes :
Franck Swanson
Nathan Hamill

Puis viennent les *loosers*, l'équipe de rechange.

Chef opérateur :
Philippe Bouvier
Acteurs :

Neil Armstrong	Brad Pitt
Buzz Aldrin	Matt Le Blanc

Cosmonautes :
Jack Attaway
Youri Artsimovitch

Je rigole tout seul. Une star comme Brad Pitt dans l'équipe

B ? Il doit être être furieux ! Les commentaires vont aller bon train, à Hollywood.

Péniblement, je me lève. J'ai décidé d'aller me saouler au bar de l'hôtel. Avec un peu de chance, je croiserai peut-être ce bon vieux Brad !

11 juin 2007, donc…

Je viens de rouvrir les yeux. Je suis bien sanglé à mon siège-couchette. Mon regard se déporte vers le hublot. La Lune est là, grosse comme un ballon de volley pour l'instant, mais elle se rapproche de plus en plus. Une « magnifique désolation », avait coutume de dire Buzz Aldrin.

Ce pauvre Darius Khondji ne posera pas le pied sur la Lune. Son pied, il se l'est cassé un mois avant le décollage ! Une plaque de fonte de vingt kilos a glissé de son haltère pendant une séance de culture physique. Je précise que je n'y suis pour rien. Pas de sabotage là-dessous. Une fois le verdict du médecin tombé (comme un couperet), on m'a rappelé d'urgence pour remplacer mon camarade au pied levé, c'est le cas de le dire. Je n'aurais pas osé imaginer un pareil retournement de situation, même dans mes songes les plus délirants.

Pourtant le rêve est bien là, devant moi. Il grossit. Les cratères se dessinent avec une précision croissante. Je vois leur sol martelé par des millénaires de bombardements météoriques. Je souris, et sors mon vieux stylo à quatre couleurs d'une poche de ma combinaison (oui, celui que je prenais pour un vaisseau spatial lorsque j'avais six ans, et que j'ai toujours naïvement gardé, dérisoire symbole de mes rêves d'enfant). Chaque membre d'équipage a droit à son quarteron d'objets personnels, même si l'espace et la charge nous sont comptés. Moi, j'ai choisi mon vieux Bic, tout mordillé, tout usé. Lorsque je le fais passer devant le hublot, très lentement, il se mue en croiseur sidéral. Avec juste un peu d'imagination, il paraît presque aussi gros que le *star destroyer* de Vador ! Les images de ma vie se télescopent en un point unique, carrefour de l'espace-temps. Un sentiment de plénitude m'envahit, me gonfle le cœur. Je revois l'enfant que j'étais. Il est toujours là, présent, en moi…

IL VA MARCHER SUR LA LUNE !

Table des matières

À lire

- « L'an 2000, et après… », *Futuribles*, numéro hors-série, janvier 1999.
- « Demain le corps humain », *Science et Vie Junior*, numéro hors-série, janvier 1999.
- « Robots : les vedettes du XXIe siècle », *Science et Vie Junior*, numéro hors-série, janvier 2000.
- « Imaginer demain », in *Eurêka*, série en douze cahiers, de novembre 1999 à octobre 2000.
- « Objectif XXIe siècle : 30 rêves pour le futur », in *Science et Vie*, n° 987, décembre 1999.
- Albert JACQUARD, *À toi qui n'est pas encore né(e)*, Calmann-Levy, 2000.

L'anthologiste : DENIS GUIOT

Également directeur de la collection AUTRES MONDES, Denis Guiot est né en 1948 à Toulon. Après des études d'ingénieur aux Arts et Métiers, il choisit l'enseignement… et la science-fiction.

*Depuis 1974, il a travaillé comme critique littéraire dans pratiquement toutes les revues spécialisées (*Horizons du Fantastique, Fiction, Mouvance, Futurs, Science-Fiction Magazine, *etc.), mais aussi dans* Télerama, Privé, Opus, L'Étudiant. *Actuellement, il collabore à* Galaxies *et à* Phosphore, *magazine pour lycéens dont il s'enorgueillit de tenir la rubrique SF depuis le numéro 1, daté de février 1981 !*

*Il est aussi anthologiste (*Pardonnez-nous vos enfances, *Denoël, 1978,* Utopiae, *à paraître en octobre 2000 chez L'Atalante), membre du Grand Prix de l'Imaginaire depuis 1976 (et secrétaire pendant une vingtaine d'années), essayiste (*Le monde de la science-fiction, *M.A. éditions, 1987).*

Ardent promoteur et spécialiste incontesté de la SF pour la jeunesse, il a lancé les premiers titres de science-fiction chez Pleine Lune Nathan (dont Les Mange-forêts *de Kim Aldany), puis créé en 1996 la collection* Vertige Science-Fiction *(Hachette Jeunesse) qu'il a dirigée pendant 4 ans.*

Il a publié récemment un Dictionnaire de la Science-Fiction *(avec la collaboration d'Alain Laurie et Stéphane Nicot – Le Livre de Poche Jeunesse, 1998), à l'intention des jeunes et des prescripteurs.*

Denis Guiot vit en région parisienne et enseigne la construction mécanique au lycée technique Dorian à Paris.

Du même auteur :

- Utopiae, sept auteurs européens en quête d'utopies, *anthologie en collaboration avec Bruno della Chiesa (L'Atalante, 2000)*
- Dictionnaire de la science-fiction, *en collaboration avec Alain Laurie et Stéphane Nicot (Livre de Poche Jeunesse, 1998)*
- Planète cauchemar, *anthologie (Vertige SF – Hachette Jeunesse, 1997)*
- Villes au bord du futur, *anthologie (Vertige SF – Hachette Jeunesse, 1997)*

- Le Livre d'Or de John Wyndham, *anthologie en collaboration avec Patrice Duvic, (Pocket, 1987)*
- Le Monde de la science-fiction, *encyclopédie de poche en collaboration avec Jean-Pierre Andrevon et George Barlow (M.A., 1987) (mise en ligne sur www.noosfere.com)*
- Pardonnez-nous vos enfances *(Présence du Futur – Denoël, 1978)*

L'illustrateur : MANCHU

Manchu est né en 1956. Le film de Stanley Kubrick, 2001, l'Odyssée de l'espace *(1968) et les premiers pas de Neil Armstrong sur la Lune (1969) ont marqué son adolescence. Mais, comme il savait mieux se servir d'un crayon que d'une règle à calcul, Manchu est devenu peintre « space art », plutôt que cosmonaute. Il a travaillé sur* Il était une fois... l'espace *(FR3), fait le design du jeu de rôles* L'empire galactique, *collaboré à la revue* Ciel et Espace, *illustré de nombreuses collections de science-fiction (Le Livre de Poche SF, Présence du Futur, Vertige SF, Lunes d'Encre, etc.). L'an 2000 est l'année de sa consécration : il expose dans toutes les grandes manifestations SF (les Galaxiales à Nancy, Étonnants Voyageurs à Saint-Malo, Utopia 2000 à Nantes) et à La Maison d'Ailleurs à Yverdon (Suisse).*

AUTRES MONDES

Une collection dirigée par Denis Guiot

Une invitation à l'aventure, au rêve, à la réflexion et au voyage pour les jeunes du troisième millénaire.
Une exploration passionnante de l'imaginaire de Science-Fiction : mondes virtuels, rencontres avec des extraterrestres, planètes lointaines, voyages dans le temps, sociétés futures...

TITRES DÉJÀ PARUS

1. GRAINES DE FUTURS

Anthologie dirigée par Denis Guiot
Préface d'Albert Jacquard

- *Le Souffle d'Éole* par Danielle Martinigol et Alain Grousset
- *Un Personnage en quête de cœur* par Christian Grenier
- *Le Septième clone* par Jean-Pierre Hubert
- *Le Fantôme de la tour Aiguille* par Ange
- *L'Oasis* par Joëlle Wintrebert
- *La Petite Joueuse d'échecs* par Robert Belfiore
- *Fly Me to The Moon* par Christophe Lambert

Clones acteurs de cinéma, éoliennes flottant dans la haute atmosphère, logiciels sentimentaux, maisons tueuses, bananes qui vaccinent, nanorobots fantômes, retour de l'homme sur la Lune...

À l'aube du troisième millénaire, l'éventail des futurs possibles engendrés par l'accélération de la connaissance scientifique donne le vertige et a inspiré les sept nouvelles inédites réunies dans cette anthologie.

Sept graines de futurs plantées par les meilleurs écrivains de science-fiction pour la jeunesse : Ange, Robert Belfiore, Christian Grenier, Alain Grousset, Jean-Pierre Hubert, Christophe Lambert, Danielle Martinigol et Joëlle Wintrebert.

2. LES CENDRES DE LIGNA
par Jean-Pierre Hubert

Dans la profondeur des forêts de la planète Ligna se cache un arbre aux pouvoirs mystérieux qui excite bien des convoitises : le ginnka.

Jusqu'à présent, Maître Harvinn et ses apprentis Jona et Rick ont exploité ses richesses en respectant la planète et ses habitants, les Cendreux, des êtres étranges mi-humanoïdes, mi-végétaux, pour qui le ginnka est un arbre sacré. Mais d'autres colons, plus soucieux de rentabilité, décident d'utiliser une monstrueuse machine robotisée, le mégabull. Le ginnka se transforme alors en un redoutable adversaire.

Peu à peu, au gré des convulsions, il se formait une plante, ou plutôt un « être » qui avait une allure d'épouvantail désarticulé.

Une tête prenait forme, se balançant au bout d'une tige qui ressemblait à un cou gracile. Des rameaux naissaient sur la branche maîtresse, qui se divisaient à leur tour en ramules dont les bourgeons terminaux imitaient des mains encore grossières. En guise de chevelure, le tout se couronnait d'un fouillis de plantes grimpantes garni d'épines d'un rouge vif.

Les prisonniers assistaient, fascinés, à la naissance de ce monstre mi-humain, mi-végétal. Sool s'approcha de la créature avec déférence et avança prudemment la main. Bien mal lui en prit, un des serpents ligneux qui faisait partie de cette Méduse d'un nouveau genre fouetta l'air et frappa rudement le visage de la fillette.

Elle poussa un cri et fit un saut en arrière avec une mimique de frayeur. Le chef s'interposa en émettant un sifflement d'indignation, mais eut droit au même traitement, en plus brutal encore. Il fut projeté au sol, et la pieuvre végétale qui l'avait flagellé avec une force rageuse se retira en laissant une longue balafre sanglante sur la peau de sa poitrine.

— Cet « épineux » est mauvais..., chuchota Alba, la mâchoire contractée, je n'ai jamais vu une agressivité pareille...

3. L'ŒIL DES DIEUX

par Ange

Ils ont entre neuf et quatorze ans et sont divisés en bandes rivales : les Loups, les Ours et les Crazes. Ils sont vingt-neuf exactement, et vivent depuis toujours dans la Bulle, un lieu étrange et hermétiquement clos qui leur dispense nourriture et énergie.

Depuis que les robots qui s'occupaient d'eux se sont immobilisés à jamais, ils passent leur temps à se faire la guerre, sous la conduite de Mina et Jeff. Mais un jour, les distributeurs de nourriture s'arrêtent de fonctionner et la Bulle protectrice se métamorphose en un piège mortel.

Cinq marches seulement séparaient maintenant les deux filles de la fissure, mais Mina connaissait assez le terrain pour savoir qu'un pas de plus pouvait être fatal. Vangh et l'autre Ours les verraient forcément. Il fallait faire une diversion. Mina se tournait vers Chelsea pour lui demander si elle avait une idée quand un bruit étrange l'interrompit.

Un grondement s'éleva, léger d'abord, puis prenant peu à peu de la puissance. Il venait de partout à la fois — comme si La Bulle elle-même frémissait, comme si les Dieux s'ébrouaient ou grognaient. Le bruit devint assourdissant, le sol se mit à trembler et toutes les lumières s'éteignirent d'un coup. Terrifiée, Chelsea commença à crier ; Mina eut juste le temps de lui mettre la main sur la bouche pour ne pas qu'elle les trahisse.

Puis le bruit s'évanouit, aussi vite qu'il était venu. Quelques halos se rallumèrent.

— Qu'est-ce que c'était ? hurla Vangh.

Mina secoua Chelsea pour l'obliger à reprendre ses esprits.

— On y va ! chuchota-t-elle.

Elles franchirent les cinq marches fatidiques, se glissèrent à travers la fissure de la paroi en béton et s'écroulèrent de l'autre côté.

TITRES À PARAÎTRE EN 2001

4. LE SOUFFLE DE MARS
par Christophe Lambert

Mars, année 2121. La colonisation a commencé. Le jeune Keith David fait partie d'une petite équipe qui effectue des relevés scientifiques du côté de Chasma Borealis, la plus grande vallée glaciaire du pôle Nord. Mais la navette qui doit venir les reprendre s'écrase à l'atterrissage. De plus, *Bradbury Town*, la base principale, ne répond plus. Après un périple épuisant à travers les déserts de la planète rouge, Keith et ses amis rejoignent la base. Et là, l'horreur les attend…

Un suspense martien implacable, par l'auteur de *Titanic 2012*.

5. LES ABÎMES D'AUTREMER
par Danielle Martinigol

Sandiana a 15 ans. Elle est l'assistante de son père qui est grand reporter. Tous deux sillonnent le cosmos à la recherche de scoops. Ils décident d'aller sur la farouche planète-océan Autremer percer le secret des Abîmes, ces astronefs mythiques qui en seraient originaires. Mais là, Sandiana et son père sont en butte à l'hostilité des habitants, et tout particulièrement à celle du jeune Mel et de son oncle, responsable d'une entreprise de safaris sous-marins. Quel redoutable secret dissimulent les eaux de la planète Autremer ?

Après *Les Oubliés de Vulcain*, un autre grand roman écologique de Danielle Martinigol.

6. SQUATTEUR DE RÊVE !
par Dany Jeury

Thibaut est dans le coma, victime d'un grave accident de skate-board. Sur son lit d'hôpital, bardé de fils électriques reliés à un ordinateur et de tuyaux de toutes sortes, il rêve de ses copains, de Plotte, sa petite fiancée… Mais qui est ce punk aux cheveux rouges qui vient squatter son rêve ? D'où vient-il ? Ami ou ennemi ?

Sur le thème des univers intérieurs, un roman troublant écrit d'une plume très alerte par une jeune auteur de 24 ans.

Impression réalisée sur CAMERON par

BRODARD & TAUPIN

GROUPE CPI

La Flèche
en février 2002

Imprimé en France
Dépôt légal : février 2002
N° d'impression : 11301